Nossos filhos são

espíritos

Nossos filhos são

espíritos

Herminio C. Miranda

LACHÃTRE

Capa: Andrei Polessi
Foto Quarta-capa: Sandra Yamashita

Maio de 2015 – 13ª Edição – 1ª reimpressão
Tiragem: 8.000 exemplares
Do 331.001º ao 339.000º exemplar

Direitos de publicação cedidos pelo autor ao
Instituto Lachâtre
Caixa Postal 164 – CEP 12914-970
Bragança Paulista – SP
Telefone: 11 4063-5354
Site: www.lachatre.org.br
E-mail: editora@lachatre.org.br

CIP-Brasil. Catalogação na fonte

M642n   Miranda, Herminio C., 1920-
Nossos Filhos são Espíritos / Herminio C. Miranda – Instituto Lachâtre – Bragança Paulista, SP : 2013.
240 p.
Bibliografia

1. Reencarnação. 2. Mediunidade. 3. Espiritismo. I. Título. II. Série.

CDD 133.9   CDU 133.7

Impresso no Brasil
Presita en Brazilo

Os pais que me desculpem, mas este livro é dedicado, por óbvias razões, às mães.

Não menos óbvia é a escolha de Inez para receber, em nome de vocês todas, este singelo testemunho de carinho e apreço. Sem ela não teria sido possível desenvolver, com êxito, o projeto de trazer da dimensão invisível três espíritos que queríamos como nossos filhos a fim de partilharem conosco o privilégio da vida.

Sumário

Apresentação

HÁ MAIS DE TRÊS DÉCADAS acompanhamos os escritos de Herminio Miranda. Situamo-lo entre os melhores escritores espíritas, o que lhe dá um natural espaço alicerçado em seu qualitativo trabalho, cujos reflexos não ficarão somente no hoje, mas também no amanhã e no depois.

Nestas despretensiosas linhas, à guisa de prefácio, estamos informando aos leitores, sem intenções de elogios pessoais, um valoroso livro que foi pontilhado em sugestivas e bem elaboradas observações diante dos acontecimentos da vida. Daí o autor ter dado bastante ênfase aos fatos da infância e às memórias pretéritas.

O livro do nosso Herminio é eloquente, porquanto atinge o social, e mais do que útil, porque busca explicação nas razões de nossa própria vida. As suas palavras, em positivas demonstrações, conclamam à reconstrução da fé, visando seus puros conceitos; alguns movimentos religiosos que deviam enaltecê-la, levaram-na quase à ruína.

A meta do livro é mais profunda que as ideias por si só ventiladas; sua ajustada descrição permitirá ao leitor alcançar os horizontes de suas demarcações psicológicas. As conceituações simples e clarificantes são um chamamento adequado no burilamento das veredas de nossas necessidades terrenas.

O autor escreve, tão somente, com proveito para o leitor. É um dom que lhe pertence, conquistado em suas múltiplas vivências. Seus pensamentos estão colimados em atenciosas e harmonizadas propostas a fim de reativarem a ética diante das falências sociais e mesmo religiosas dos tempos atuais. A personalidade da criança foi traduzida em seus

9

princípios espirituais, o que possibilita uma visão mais precisa da finalidade humana.

Em todos os parágrafos percebe-se linfa cativante, construtiva e sempre renovadora, propiciando atencioso convite ao conhecimento e, mais do que tudo, adverte-nos das responsabilidades contidas no caminho infindo da evolução. Os relatos plenos de vida nos fazem compreender, nas razões da psicologia profunda, as raízes do inconsciente ou espírito com suas sugestões telegráficas ao intelecto físico – a zona consciente ou personalidade.

O valor do autor está na procura constante de um alvo – o conhecimento dos fatos espirituais que participam do nosso dia a dia e que muitos ainda desconhecem e não lhes dão presença; entretanto, são importantes elos na linha de nossas vidas.

O conteúdo da obra, a parecer entrecortado pelos títulos, possui rica sequência de bem arrumadas ideias dando-lhes finalidade. Se observarmos, com atenção, os capítulos do livro, apesar de seus próprios e inconfundíveis assuntos, possuem um encadeamento, cujo conjunto traduz uma autêntica saga. O bom escriba conseguiu, de suas historietas, transformá-las em belas e harmoniosas canções; por falarem à nossa alma, as baladas compuseram uma sinfonia.

JORGE ANDRÉA DOS SANTOS
Rio de Janeiro, 24 de janeiro de 1989

Historinha de um livro inesperado

OS LIVROS, COMO AS PESSOAS, os bichos, os países, as cidades e os povos têm sempre uma história. Pode até nem ser uma empolgante aventura como a do povo hebreu, mas há sempre o que contar sobre eles. Este, por exemplo, surgiu inesperadamente. Pelo menos eu não contava com ele, nem o tinha na minha programação. Quem o sugeriu foi um amigo muito querido ao meu coração. Sem mais nem menos, no correr da conversa, ele me perguntou certa vez: – Por que você não escreve um livro sobre a criança?

Tomado de surpresa, não tive muito o que dizer naquele momento. Criança? Eu? E eu entendo de criança? Só mais tarde percebi que, sim, era bem possível que eu conseguisse escrever um texto sobre crianças. Por que não? A essa altura, a maquininha de pensar já estava rodando em silêncio. Quando me sentei para escrever, parece que o livrinho já estava pronto em alguma misteriosa gaveta da mente. Ele foi surgindo quietinho e se passando para o papel. Em pouco mais de um mês estava pronto.

Outra surpresa me estava reservada: o livro teve uma acolhida generosa por parte de leitores e leitoras. Ao chegar à quarta edição, achei que era chegado o momento de fazer-lhe uma revisão, acrescentar algum material e dar-lhe nova roupagem, mas, principalmente, aproveitar a oportunidade para testemunhar minha gratidão aos milhares de leitores que resolveram conferir o que teria eu a dizer sobre nossos filhos. Parece que gostaram. É o que me dizem, pessoalmente ou por carta e telefone. E, naturalmente, foi muito bom saber que tantas pessoas gostaram desta conversa acerca de crianças.

Muito obrigado e que Deus nos abençoe a todos.

HCM
Outono de 1993

1. Olhos de ver
e olhos de olhar

O DR. PIMENTEL CORTOU o cordão umbilical, enrolou a criança em uma toalha – era uma menina –, colocou-a cuidadosamente de bruços e passou a cuidar da mãe, exausta e dolorida.

Eu tinha 23 anos de idade e pela primeira vez na vida agitavam-se em mim as poderosas emoções da paternidade, com todas as suas perplexidades, complexidades e expectativas. Aproximei-me do pequeno embrulho sobre a cama para olhar de perto minha filha. Pensava, talvez, encontrá-la cochilando, a sonhar ainda com os mistérios de suas origens. Foi uma surpresa observar que tinha os olhinhos escuros bem abertos, atentos e acesos a me contemplarem de maneira enigmática e inquisitiva. Lembro-me perfeitamente das ruguinhas traçadas na testa exígua, pelo esforço que fazia ao levantar a cabecinha careca, como se perguntasse a si mesma:

– Será que esse sujeito vai ser um bom pai para mim? Cadê minha mãe? E agora, que vão fazer comigo? Quanto tempo vou ficar aqui, enrolada neste pano?

Quanto a mim, não me recordo dos pensamentos que transitavam pela minha mente, mas sei que eram muitos, e desencontrados. Acho mesmo que tinha tantas perguntas quanto ela, talvez mais, não sei. Uma coisa era certa: Ana-Maria acabava de chegar. (Eu sabia o nome dela porque já o havíamos escolhido com a devida antecedência. Embora houvesse um nome masculino de reserva, de certa forma eu 'sabia' que seria uma menina. Mistérios esses que hoje entendo melhor do que então.) Que ela chegara, não havia dúvida, pois estava ali, olhos curiosos, prontinha para começar a exploração do novo mundo em que viera viver. Minha dúvida era outra, ou seja, de onde vinha aquele ser? A lógica me dizia que se chegara aqui é porque partira de algum lugar, onde estava antes de vir. Onde, porém? Aprendera eu, em tempos, agora remotos, da infância, que Deus criava uma alma novinha em folha para cada criança que nascia, mas eu tinha já minhas dificuldades com essas e outras informações. Não havia como questionar a sabedoria, a grandeza e o poder de Deus, que ali estavam patenteados, mesmo porque, obviamente, não poderíamos, a jovem esposa e eu, ter criado aquela pessoinha a partir do nada. Eu aprenderia mais tarde que o ser humano descobre coisas, mas não as cria, nem as inventa, e nós, certamente, não havíamos inventado aquele embrulhinho morno de gente que atentamente me espiava.

Quem seria aquele ser? De onde vinha? O que pretenderia da vida? Como seria ela? Que papel me caberia, e à sua mãe, na vida que apenas começava? Ou será que não estava começando e sim continuando?

Eu não sabia. Mas queria muito saber, ter respostas para essas indagações e muitas outras, de que nem me lembro ou sequer tenham sido formuladas, mesmo porque, como disse, eu mergulhara em um turbilhão de inesperadas e insuspeitadas emoções. Estas, contudo, não me suscitavam temores ou inquietações, e sim uma estranha alegria, ao perceber que também eu tinha condições de participar, com minha modesta contribuição, daquele deslumbrante espetáculo de renovação da vida.

As dúvidas ficavam para mais tarde. Um dia eu saberia, devo ter pensado. Por enquanto, havia providências a tomar, neste lado de cá da vida, onde os seres chegaram há mais tempo e andam, falam, riem e choram. Mas bem que eu gostaria de ter alguém ali que me dissesse alguma coisa sobre o que estava acontecendo diante de mim.

Este é, pois, o livro que eu gostaria de ter tido em minhas mãos, não só naquele distante 22 de agosto, mas antes, quando Ana-Maria era apenas projeto, bem antes que seu marcador pessoal começasse a registrar o tempo vivido na Terra.

Algumas das minhas perguntas ainda teriam de esperar um bom punhado de anos. Outras, creio eu, precisarão de mais alguns séculos, pois nosso Pai Maior não parece ter grande pressa em explicar-nos aquilo que nós ainda não temos condições de entender.

O apóstolo Paulo, que sabia das coisas, escrevendo aos seus amigos de Corinto, disse o seguinte:

– E eu, irmãos, não vos pude falar como a (seres) espirituais senão como a carnais, crianças em Cristo. Dei-lhes leite a beber e não alimento sólido, porque ainda não o podíeis suportar. Nem ainda agora o podeis, porque ainda sois carnais.

Como os coríntios, eu era carnal e acho que nem o leite me fora dado, porque tudo quanto eu podia ver é que, de alguma forma, havia um pouco de mim naquele tépido bolinho de gente, à espera de que a tomássemos nos braços e, depois, pelas mãos, lhe mostrássemos como era nosso mundo. E já sentia, nas profundezas da memória do futuro, aquele dia em que ela não mais precisasse das nossas mãos e partisse para viver a *sua* vida. Nós sempre tememos um pouquinho. Não é que falte confiança, é que paira sempre, aí por cima, um vago temor de que o filhote ainda implume não consiga acertar com os invisíveis caminhos do céu que tem de percorrer no voo ainda incerto. Mas isso não chegava a ser uma tristeza, porque, afinal de contas, a vida era dela e não nossa, e como eu aprenderia posteriormente, antes de sermos filhos uns dos outros, somos todos filhos de um só Pai. E Ele tem sido muito competente, pois sempre deu boa conta de nós.

Não era tristeza; nada disso! Apenas uma saudade antecipada, que me espreitava das dobras do desconhecido, tal como os olhinhos escuros de Ana-Maria. Parece que eu via, também, no futuro, umas ruguinhas de preocupação. Ou seria apenas a exaltada imaginação de um jovem pai de 23 anos, mal saído de sua própria infância?

Seja como for, de alguma forma misteriosa e inarticulada, pois não tinha palavras para expressar tudo aquilo, eu confiava em Deus e na menina dos atentos olhinhos. Como também confiaria em duas outras pessoas que, sem eu saber, estavam à nossa espera, do outro lado do véu, que àquela altura me ocultava importantes mistérios da vida. Deus não julgara oportuno revelar-me coisas para as quais eu ainda não tinha 'olhos de ver'. Meus olhos eram apenas de olhar...

Nem Deus, nem meus filhos me decepcionaram, porque muito me ensinaram desde então; mas às vezes penso que as coisas teriam sido mais fáceis se eu tivesse lido algo parecido com este livrinho que o leitor tem agora em suas mãos. Só que, se assim fosse, eu não teria tido a alegria de escrevê-lo e não estaria hoje tão grato a Deus, por ter-me permitido fazê-lo, e a Ana-Maria, Marta e Gilberto por terem me ensinado muitas das coisas que nele foram colocadas e que, sem eles, teriam passado despercebidas ao desatento olhar do apressado viajor.

2. Coisas para desaprender

AS CRIANÇAS NÃO VÊM COM esses bem acabados folhetos impressos que explicam minuciosamente como funcionam os aparelhos que adquirimos nas lojas. Não trazem um manual de instruções que ensine como devemos abrir o pacote, tirar o aparelho da caixa, instalá-lo e fazê-lo funcionar. Também não trazem certificado de garantia que se possa apresentar ao representante autorizado, juntamente com a nota fiscal, caso haja algum defeito de fabricação.

Dizem até que um jovem pai, que acabara de retirar mulher e filho do hospital, levou-o de volta, para reclamar, porque ele estava com um vazamento...

Com o tempo, vamos aprendendo a resolver os pequenos problemas que surgem. E os grandes também, se e quando surgirem. Nós nos valemos da experiência dos mais velhos, geralmente uma das avós, ou ambas, tias, vizinhas e, naturalmente, dos médicos, quando a situação assim exige.

Para facilitar as coisas, comprei o livro de um famoso pediatra da época, que substituía razoavelmente bem os manuais de instruções que acompanham os eletrodomésticos de hoje e ajudam a solucionar ou prevenir alguns dos 'enguiços' mais comuns. Recebíamos dele ensinamentos minuciosos sobre a maneira de cuidar do bebê durante seus primeiros dias de vida: o banho, o sono, a roupa, a alimentação, bem como a interpretação de certos sinais típicos que marcam as diferentes etapas de desenvolvimento: os primeiros passos, os dentinhos de leite, peso, altura, hábitos de higiene e inúmeros outros indicadores.

Toda essa logística tem por objetivo proporcionar aos pais uma criança sadia para que nela se desenvolvam as faculdades mais nobres de inteligência, vivacidade e boas maneiras. Para que ela seja, enfim, uma pessoa útil a si mesma e à sociedade na qual está começando a viver, e na qual vai se envolvendo, cada vez mais, na escola, em seus diversos níveis, e, depois, no trabalho, no relacionamento com a família, com os amigos e tudo mais.

Realmente, todos esses elementos são da mais alta relevância e de imediata aplicação naquilo que constitui praticamente um projeto, que é o de criar uma criança proporcionando-lhe todos os elementos possíveis a uma vida decente, equilibrada, normal e feliz. Isso, contudo, é apenas parte do problema, uma vez que continuam sem resposta numerosas questões que podem ocorrer à mãe e ao pai da criança. Em suma, temos livros de obstetras, psicólogos, psiquiatras e pediatras, mas onde encontrar obras escritas por 'espiritiatras'?

Enquanto o problema consiste apenas em dar este alimento ou aquele, dormir à tarde ou de manhã, vestir ou não agasalho, ventilar o quarto de dormir, tomar sol, tratar um resfriado ou dor de barriga, as opiniões variam, mas podemos chegar a um consenso, adaptado às nossas próprias condições e, obviamente, às do bebê. Acabamos acertando com o alimento que melhor 'concorda' com ele, como dizem os americanos, ou com seus hábitos de repouso e atividade, bem como o tipo de roupinha que melhor lhe convém. Mas, e ele mesmo, como pessoa humana, como individualidade, como é? Por que é temperamental ou apático? O que o faz pacífico e sereno ou agitado e mal-humorado? Por que ele gosta de algumas pessoas e não de outras? Por que chora tanto ou não chora, a não ser excepcionalmente? Por que custa tanto a falar ou a andar, ou a aprender a ler? E, mais tarde, por que gosta de matemática e não de línguas, ou vice-versa? E, acima de tudo, quando se tem dois ou mais filhos, por que são tão diferentes entre si, uma vez que gerados todos a partir do mesmo conjunto de genes e criados, no lar, sob idênticas ou muito semelhantes condições?

Afinal, *quem* são nossos filhos, o que representam em nossas vidas e o que representamos nós na vida deles, além do simples relacionamento pais/filhos?

Longe de respostas mais claras e objetivas, ou, pelo menos, de hipóteses orientadoras, o que observamos, no dia a dia das lutas e alegrias da vida, é uma coletânea de clichês obsoletos, ou seja, ideias preconcebidas e cristalizadas que de tão repetidas assumiram *status* de verdades inquestionáveis, que vamos aceitando meio desatentos, sem procurar examiná-las em profundidade.

Por exemplo: o Marquinho 'puxou' o jeito enérgico da mãe, ou a Mônica herdou a inteligência do pai, ou o gosto da tia pelas artes plásticas, ou, ainda, o temperamento da avó Adelaide.

A primeira coisa a desaprender com relação às crianças é a de que elas não herdam características psicológicas, como inteligência, dotes artísticos, temperamento, bom ou mau gosto, simpatia ou antipatia, doçura ou agressividade. Cada ser é único, em sua estrutura psicológica, preferências, inclinações e idiossincrasias.

Somente características físicas são geneticamente transmissíveis: cor da pele, dos olhos ou dos cabelos, tendência a esta ou àquela conformação física, predisposição a esta ou àquela enfermidade, ou a uma saúde mais estável, traços fisionômicos e coisas dessa ordem. Quanto ao mais, não.

Pais inteligentíssimos podem ter filhos medíocres, tanto quanto pais aparentemente pouco dotados podem ter filhos geniais. Pessoas pacíficas geram filhos turbulentos e, vice-versa, pais desarmonizados produzem crianças excelentes, equilibradas e sensatas. Qualquer um de nós poderá citar pelo menos uma dúzia de exemplos de seu conhecimento para testemunhar a exatidão dessas afirmativas.

Por isso, repetimos, cada criança, cada pessoa, é única, é diferente e, embora possam ter, duas ou mais, certas características em comum ou muito semelhantes, cada uma delas é um universo próprio, como que individualizado. Até mesmo gêmeos univitelinos, ou seja, gerados a partir do mesmo ovo, trazem, na similitude de certos traços físicos, diferenças fundamentais de temperamento e caráter que os identificam com precisão, como indivíduos perfeitamente autônomos e singulares.

Vamos logo, portanto, definir um importante aspecto: os pais produzem apenas o corpo físico dos filhos, não o espírito (ou alma) deles.

Outra coisa convém desaprender logo, para abrir espaço para novos conceitos, mais inteligentes, racionais e competentes acerca da vida. Esses espíritos ou almas que nos são confiados, já embalados em corpos físicos, que nós mesmos lhes proporcionamos, através do processo gerador, não são criados novinhos, sem passado e sem história! Eles já existiam antes, em algum lugar, têm uma biografia pessoal, trazem vivências e experiências e aqui aportam para *reviver* e não para viver. Estão, portanto, *renascendo* e não apenas nascendo.

É espantosa a reação que esta ideia simples e genuína tem encontrado para impor-se como verdade que é. O próprio Cristo ensinou que João Batista era o profeta Elias renascido, embora não reconhecido pelos seus contemporâneos. Em outra passagem, falando a Nicodemos, admirou-se de que o ilustrado membro do Sinédrio ignorasse verdade tão elementar, ou seja, a de que é preciso *nascer de novo* para alcançar a paz espiritual, à qual Jesus dava o nome de Reino de Deus ou Reino dos Céus.

Eis, portanto, a pura, simples e inquestionável verdade: nossos filhos, tanto quanto nós mesmos, são seres humanos que já viveram antes. Trazem em si todo um passado mais ou menos longo de experiências, equívocos, conquistas, realizações e, consequentemente, um programa a executar na vida que reiniciam junto de nós. Da mesma forma que não nos desintegramos em nada ao morrer, também não viemos do nada quando nascemos de novo na carne. Tudo é continuidade, etapas que se sucedem, em ciclos alternados, aqui e além.

Anotem aí, portanto: somos todos seres criados por Deus, sim, mas há muito, muito tempo, e não no momento da concepção ou na hora do nascimento, para 'ocupar' um novo corpo físico. Esta ideia constitui a viga mestra de toda a arquitetura da vida, o conceito diretor que nos leva ao entendimento dos seus enigmas, mistérios e belezas imortais. É, portanto, esta ideia, este conceito, esta verdade que escolhemos para alicerçar este livro, a fim de ordenar o que precisamos saber – dentro das limitações humanas – para entender a vida e, também, ajudar aqueles que nos cercam a entendê-la melhor. Tudo aquilo, *mas tudo mesmo*, que se chocar com esta verdade, tem de ser desaprendido, se é que estamos realmente empenhados em fazer da nossa vida um projeto inteligente de evolução rumo à perfeição espiritual.

Se o bisavô Joaquim foi um sujeito ranzinza e impertinente e vier renascer como seu filho, provavelmente você vai ter uma criança um pouco difícil e impaciente (a não ser que ele tenha se modificado um pouco nesse ínterim). Da mesma forma que, se uma pessoa de bom coração e pacífica renascer como sua filha ou filho, você terá uma criança calma, bem humorada, simpática, desde os primeiros momentos de vida, ainda que ocasionalmente apronte uma choradeira homérica se estiver com fome, sentindo calor ou frio, ou porque deseja que suas fraldinhas sejam trocadas. De que outra maneira iria ela pedir isso? Se lhe fosse possível falar, ela diria, educadamente: – Mamãe, você quer fazer o favor de trocar minha fralda? – Ou: – Você não está se esquecendo de me dar a papinha das dez horas?

Deixe-me, pois, dizer-lhe, para ajudar a armar o esquema de como cuidar do seu bebê: ele é um espírito adulto, inteligente e experimentado, aprisionado em um corpinho físico que ainda não lhe proporciona as condições mínimas de que precisa para expressar todo seu potencial. Isto se dará com o tempo, como você poderá observar, à medida que a criança vai crescendo e se revelando como realmente é.

Então, sim, quem disser que ela 'puxou' ao birrento bisavô Joaquim é possível que tenha razão, porque, de fato, pode ser o *próprio*, de volta. Ou se ela for aquele remoto parente genial que escreveu livros, compôs músicas ou foi um brilhante político, então você terá o privilégio e a responsabilidade de ajudá-la a expressar-se novamente como ser humano; provavelmente, em outro campo de atividade.

Em verdade, responsabilidade você tem sempre, seja qual for o filho ou filha, brilhante ou deficiente, amigo ou não tão amigo, sadio ou doente, compreensivo ou rebelde. Por alguma razão, que um dia você saberá, ele foi encaminhado, atraído ou convidado a vir para sua companhia. Dificilmente será um estranho total, cujos caminhos jamais tenham se cruzado com os seus, no passado. Não se esqueça de que *também* você é um ser renascido.

3. Como reordenar o pensamento

VIMOS, HÁ POUCO, QUE A IDEIA do renascimento irá servir, neste livro, para reordenarmos o pensamento em relação à vida. Vamos ver mais algumas coisas que precisam ser desaprendidas para desocupar lugar para o que se torna necessário reaprender.

Por exemplo, olhamos um bebê e logo dizemos: – Parece um anjinho inocente! – Pode ser até que seja mesmo um anjo de bondade e ternura, de sabedoria e amor e, em casos raros, excepcionais, um ser muito próximo da inocência, se considerarmos esta como ausência de malícia, não a pureza de quem nunca tenha errado. Não aquele que nunca tenha cometido erro algum, mas o que já se redimiu dos que cometeu, já corrigiu suas más tendências, já superou suas deficiências e alcançou o Reino de Deus, que é a construção da paz em si mesmo.

A criança é um espírito que nos foi confiado por algum tempo. Raramente é um ser moralmente perfeito e acabado. Não é, também, a não ser em casos raros, um demônio de maldade chocante. A angelitude e os mais tenebrosos graus de transviamento moral são extremos que, ao contrário do que costumamos dizer, não se tocam.

Aquele que percorre milênios vivendo, vida após vida, na sistemática prática do erro deliberado, acaba descendo tão fundo na escala de valores morais que fica com um longuíssimo e penoso caminho a percorrer para retornar. É difícil, mas não impossível, a tarefa da conquista da paz.

Não há anjos nem demônios, apenas criaturas que muito se aperfeiçoaram ou muito se transviaram, mas que continuam sendo seres humanos. As almas ou espíritos designados para animar os corpos físicos de nossos filhos são seres em evolução, como nós mesmos, e aos quais certos vínculos ou compromissos nos ligam por esta ou aquela razão.

Todos nós temos mesmo de morrer, mais cedo ou mais tarde. Nisso não há o que discordar, nem é preciso demonstrar tão óbvia realidade. Pois bem, morre o corpo físico descartável que fica por aí, enterrado, cremado ou o que seja, enquanto o espírito parte para o outro lado da vida. Daqui a algum tempo – pode ser uns poucos anos ou alguns séculos –, quando voltarmos à Terra para renascer em outro corpo, vamos ser anjos de pureza ou demônios de maldade somente porque recomeçamos uma vida na carne, na condição infantil?

Nada disso. Seremos aquilo que fomos até então, com todo o aprendizado anterior, as experiências, as conquistas e as tendências que até então cultivamos, sujeitos, contudo, a uma condição limitadora que não temos como superar por algum tempo, ou seja, a de que não podemos expressar tudo quanto somos e sabemos, através de um corpo físico que ainda está em elaboração, mesmo depois de desligado do organismo materno.

A criança tem de fazer o reaprendizado da vida, nas condições em que renasceu. Terá de familiarizar-se com o novo corpinho que recebeu, aprender a língua de seu povo, bem como retomar conhecimentos gerais, habilidades manuais, como desenho, escrita, manipulação de instrumentos, aparelhos, ferramentas e tudo mais. Terá, enfim, de readaptar-se ao meio em que veio viver, bem como às pessoas que a cercam, como pais, irmãos, parentes, vizinhos, amigos etc., muitos dos quais pode ser até que já conheça de vidas passadas.

É inevitável e necessário esse reaprendizado porque a lembrança consciente do passado vai se apagando, para ela, no momento em que começa a *despertar* no corpo físico. A consciência de um lado da vida geralmente acende quando se apaga a do outro lado. É como se fôssemos dotados de um interruptor com dois terminais. Ao acender uma lâmpada, você apaga automaticamente a outra. Para lembrar-se de seu passado, precisa desligar-se do corpo físico, quando dorme, por exemplo, ou está desmaiado. Nesses momentos, a consciência não está presente. Na verdade, a consciência não se apaga de um lado para acender do outro, apenas se desloca de um lado para outro, ou seja, vai junto com o espírito, que tem o hábito de desligar-se, parcial e temporariamente, do corpo físico que lhe serve de abrigo e instrumento.

Esta é mais uma informação que precisamos ter em mente em nosso relacionamento com a criança, durante sua fase de aprendizado, ou, como dizia Platão, de reaprendizado, já que, no entender do filósofo, aprender é recordar o que já se sabia de vidas anteriores.

4. Responsabilidade

JÁ QUE FALAMOS EM responsabilidade, convém acrescentar que uma atitude consciente e responsável não deve ser deixada para ser tomada apenas *depois* que a criança nasce, mas, pelo menos, nove meses antes. Em verdade poderíamos recuar ainda mais o alcance de tal atitude, pois a maternidade e a paternidade exigem de nós um mínimo de preparo, que, obviamente, não dá para ser adquirido apressadamente em poucos meses.

A geração de um corpo humano para que nele se instale um espírito é uma decisão grave, pejada de implicações e consequências. Representa um convite formal a alguém que já existe numa dimensão que nos escapa aos sentidos habituais e que estamos propondo receber, criar e educar, oferecendo-lhe nova oportunidade de vida.

O bebê não deve ser fruto de uma decisão de momento, de um impulso impensado, de uma união fortuita, como que alienada. Homem e mulher, geralmente jovens, que se unem, mesmo que seja por uma única e passageira vez na vida, devem estar atentos ao fato de que pode surgir daquele momento fugaz uma nova existência para alguém. Há condições razoáveis para receber essa nova pessoa e cuidar dela e por ela responsabilizar-se, no mínimo, pelo período de duas décadas? Acima de tudo: a criança é desejada, é bem-vinda, há espaço para ela no coração daqueles que estão promovendo seu reingresso na vida terrena?

Se um mínimo de condições satisfatórias não existe, duas situações da maior relevância podem ocorrer: ou a criança será uma pessoa rejeitada antes mesmo de emergir do ventre de sua mãe, ou esta ficará tentada a recorrer ao aborto para livrar-se do que passou a ser considerado um 'acidente' infeliz.

Se você não desejava o filho ou se sentia ainda despreparado (ou despreparada) para tê-lo, por não ter condições psicológicas e materiais satisfatórias, então deveria ter pensado nisso *antes*, não depois que ele está a caminho.

Não assuma, perante o filho que está para nascer, uma atitude hostil, negativa, de rejeição ou de desamor e indiferença. Se foi iniciado o processo da gestação, sejam quais forem as condições, alguma razão existe para que aquele espírito tenha se aproximado para acoplar-se ao corpo físico em formação no ventre de sua futura mãe. O mais provável é que se trate de alguém anteriormente ligado a ela ou ao pai, ou, ainda mais certo, a ambos. Trata-se de um ser vivo que tem uma tarefa a cumprir junto deles.

A gestação de um corpo físico pode resultar de uma aventura irresponsável, mas o espírito que nele veio habitar não resulta de mero jogo de imponderáveis e acasos – é uma criatura humana preexistente que se prepara para mais um estágio na carne. Não o despache de volta, não comece a agredi-lo com pensamentos negativos de rejeição e desamor, não o hostilize. Você já não está bastante adulto e fisicamente amadurecido para gerá-lo? Pois, então, deve ser psicologicamente amadurecido para assumir, nem que seja sozinho ou sozinha, as consequências do impulso inicial.

Vamos repetir aqui – e o faremos até a exaustão – o fato irrecusável de que a criança é um ser humano, com direitos, obrigações, responsabilidades e planos, como você, eu ou quem quer que seja. Não pense você que, por ser um mero feto, com poucas semanas ou meses de existência no ventre da mãe, 'aquilo' seja apenas 'uma coisa' viva. Nada disso, é uma pessoa, tão gente quanto você.

Dificilmente você saberá, com suficiente precisão, de quem se trata e quais as vinculações anteriores que os unem. Pode ser, contudo, algum amigo muito querido de outras eras, que vem para testemunhar-lhe seu amor, para ajudá-lo na difícil tarefa de viver, para fazer-lhe companhia, quando chegarem os cinzentos anos de solidão e velhice, ou até para ser o suporte material de sua vida.

É certo que poderá também ser o adversário de outrora, que conserva ainda rancores e desafeições pelo que, obviamente, você lhe causou. Vem, contudo, para que possam ajustar-se na conciliação, para que se perdoem mutuamente e tenham condições de seguir, dali em diante, em paz, como amigos fraternos, ou, pelo menos, não mais como adversários.

Seja qual for a situação, não é por acaso que aquele espírito se aproxima de você, em busca da oportunidade do renascimento. Seja qual for a condição, cabe aos pais assumirem a responsabilidade daquilo que, de forma deliberada ou inconsequente, provocaram, isto é, o início de um processo de gestação.

Teria muitas histórias sobre isso para lhes contar, mas para não alongar demais o livro selecionarei umas poucas, das mais ilustrativas, todas absolutamente autênticas, pois não existe aqui uma só palavra de ficção.

Caso A – A filha recém-casada de um amigo meu estava tendo problemas com a gravidez. Embora desejosa de ter filhos, acabava abortando (involuntariamente, é claro). Parece que o espírito (ou espíritos) reencarnante estava um tanto indeciso, inseguro ou temeroso. Em decorrência do trabalho de que eu participava semanalmente num grupo mediúnico, fiquei sabendo algo da história pregressa daquele núcleo familiar.

Em outros tempos, na Europa do século XVI, o atual pai da moça, meu amigo, fora uma figura de certo relevo na política e recebera para acabar de criar e educar, sob condições que não me ficaram claras, uma menina, filha de alguém que confiou nele para essa delicada tarefa. Também não fiquei sabendo, ao certo, o que ocorreu, mas o suficiente para concluir que o tutor não deu conta satisfatória da sua tarefa, causando profundo desgosto ao pai da menina. Decorridos os anos normais da existência, todos eles morreram e as questões, sob o ponto de vista humano, ficaram, aparentemente, resolvidas, como pensa muita gente. Mas não é assim que se passam as coisas além dos nossos insuficientes cinco sentidos.

Passado o tempo – séculos, no caso –, a menina confiada ao eminente político renasceu como filha deste, agora vivendo no Brasil. Ficamos com o direito de imaginar que, como ele não dera conta razoável de seu encargo de tutor, na Europa, há cerca de quatro séculos, resolvera assumir a integral responsabilidade de pai da menina, em nova existência. Aí foi a vez do antigo pai da menina, lá, também renascer como filho de sua antiga filha e, portanto, como neto do homem importante a quem ele confiara sua menina. Estão entendendo a trama? Esse foi o esquema armado para resolver o conflito criado entre eles e que permanecera sem solução. O problema é que o homem ficara tão magoado com a pessoa a quem entregara sua filha que agora relutava em aceitá-lo como avô. Será que ele não iria causar-lhe outro desgosto?

Nesse ínterim, a filha do meu amigo ficara grávida novamente e outra vez corria o risco de perder a criança por um aborto involuntário. Como eu, indiretamente, soubesse das razões de todo aquele drama de bastidores, mandei um recado um tanto enigmático para meu amigo, futuro vovô, mas que ele entendeu perfeitamente. O teor do recado era mais ou menos o seguinte:

"Amigo, o espírito que está para renascer como seu neto sente-se temeroso porque, no passado, teve problemas com você. Procure 'conversar' mentalmente com ele, dizendo-lhe que tudo passou e que você o receberá, hoje, com muita alegria e amor. Diga-lhe que confie e venha em paz." Daí em diante, as coisas correram bem. A gravidez teve bom termo e o garoto nasceu forte e bonitão. Diz-me o avô que se dão muito bem...

CASO B – Este foi narrado em livro escrito pelo caríssimo amigo dr. Jorge Andréa dos Santos, médico, escritor, conferencista e pesquisador de muitos méritos.

É a história verídica de um casal de meia-idade que, julgando mais que suficiente o número de filhos que tinha trazido para a vida na Terra, resolveu não mais enviar 'convites' para ninguém. A providência indicada era a de ligar as trompas da senhora, ainda com alguns anos férteis pela frente.

Por imprevista contingência, um dos médicos faltou no dia da cirurgia e o próprio marido, também médico, foi solicitado a fazer parte da equipe, a fim de suprir a ausência do colega. Ele testemunhou, portanto, ao vivo, todo o procedimento operatório e viu quando as trompas, após cortadas, tiveram as pontas implantadas no devido local. Nenhuma possibilidade havia, portanto, de gravidez posterior àquela cirurgia radical. Ou será que havia? Ainda hoje não se sabe exatamente o que se passou, mas o certo é que a senhora engravidou novamente. Parece até que 'alguém' promoveu uma cirurgia invisível para restaurar as trompas, costurando-as competentemente e colocando-as novamente a funcionar para que mais um espírito pudesse retornar à carne.

Jorge Andréa, autor do relato, sabe até de quem se trata, ou seja, quem é, ou melhor, quem foi, em sua última existência, o espírito que se ligou a esse corpo, gerado sob tão excepcionais circunstâncias. Muito conversaram eles, enquanto a criança era 'apenas' um espírito, do outro lado da vida.

Na verdade muitos desses entendimentos e 'negociações' ocorrem nos planos invisíveis, entre futuros pais e futuros filhos, que participam, em conjunto, das programações e acertos que dão continuidade a antigos relacionamentos mútuos que se projetarão pelo futuro afora. Se tudo correr bem e se todos tiverem bastante juízo, como dizia minha mãe, o futuro será melhor. Se se repelirem ou agravarem as condições do relacionamento, então que se pode esperar senão um cortejo de dores e desajustes?

O caso A não é um exemplo típico de rejeição paterna ou materna ou, sequer, da parte do avô. O espírito é que se mostrava hesitante e receoso de enfrentar as dificuldades que, talvez, nem chegassem a se concretizar.

O caso B, narrado por Jorge Andréa, não foi de rejeição – pelo contrário –, dado que o espírito foi recebido com amor e está sendo cuidado com o maior carinho e desvelo, bem como respeito pelas suas excepcionais condições de personalidade. Foi apenas um exemplo do inesperado, dos recursos de que se valem os poderes invisíveis para interferir quando lhes parece justificável e necessário. Dir-se-ia que houve aqui uma interferência com o livre-arbítrio do casal, que, aparentemente, não desejava mais filhos. Mas quem pode assegurar que eles não hajam, de modo consciente e deliberado, decidido 'abrir exceção' para mais um?

Já na dra. Helen Wambach (*Life before life*) vamos encontrar uma quantidade de relatos de pessoas renascentes que se sentiam de fato rejeitadas. Devo esclarecer, antes, que a eminente psicóloga americana promovia regressões de memória à fase pré-natal e colhia depoimentos vivos do maior interesse, como ainda veremos mais adiante neste livro. (Ela morreu em 1985.)

> – Eu estava perfeitamente consciente [diz uma pessoa] de que minha mãe não me queria e fiquei surpreso e desapontado ao descobrir isso.
>
> – (...) eu sabia que minha mãe teve vergonha de mim porque eu era um bebê feio.
>
> – (...) eu sabia que minha mãe realmente não me queria, por causa das inevitáveis responsabilidades. Na verdade eu só consegui entender a tristeza e a desventura do meu nascimento após a realização desta experiência (a da regressão da memória).
>
> – (...) eu temia as perspectivas diante de mim. Sentia que os médicos e as enfermeiras eram impessoais e frios. Faltava-lhes compaixão pelos temores e pelas dores de minha mãe. Lembro-me da perturbação que me causou essa falta de emotividade por parte daqueles que cuidavam de nós.

Aí estão alguns exemplos dramáticos de como os bebês são gente mesmo, desde o primeiro instante de vida, que afinal de contas não é o primeiro, mas apenas um momento na continuidade, pois a vida é incessante, é como o fluxo de um rio e não poça d'água.

Conversávamos, porém, ainda há pouco, sobre duas opções perante a gravidez indesejável ou indesejada: uma delas é a desastrosa atitude da rejeição, que acabamos de comentar, ainda que resumidamente; a outra, não apenas desastrosa, é criminosa. Chama-se aborto.

É do que iremos tratar a seguir.

5. Um frasco de veneno

SE VOCÊ RETIRAR O RÓTULO de um frasco de veneno mortal e colocar outro, de *água potável*, não mudará em nada o conteúdo do frasco, que continua sendo uma droga letal. Nada, pois, de eufemismos e meias palavras para tentar esconder uma dura e feia realidade: o aborto é assassinato premeditado, que jamais passará despercebido às leis divinas, que tudo regem. Não se deve esquecer, contudo, de que essas mesmas leis oferecem os recursos necessários à correção dos nossos erros.

A criança cujo corpinho está sendo gerado, seja ele um mero ajuntamento das duas ou quatro células iniciais, é um espírito adulto e consciente, dotado de todo um acervo de experiências anteriores, vividas em outras existências terrenas. Se você interrompe a trajetória do corpo em formação, esse espírito, ainda que não totalmente ligado ao pequeno feto, receberá o impacto físico e emocional da violência e da rejeição. É como se você tivesse batido a porta no rosto daquele que veio à sua soleira, em noite escura, de temporal gelado, em busca de abrigo, alimento e calor humano. Em busca de acolhida e amor que, na certa, você até lhe deve.

O aborto produz, invariavelmente, uma sequela de trágicas proporções e gravidade, tanto para a mãe ou os pais que rejeitaram o espírito que se preparava para renascer, como para ele, especialmente se ele ainda se encontra em situação de desequilíbrio emocional ou mental. Se o espírito é uma pessoa serena, bem ajustada e amorosa, as consequências podem ser minimizadas, ainda que não ignoradas pela lei divina; mas se o espírito é rancoroso, dado à violência e, como ocorre

33

com frequência, o casal faltoso lhe deve alguma forma de reparação, precipita-se, usualmente, um processo de conflito, perseguição, vingança e acirramento de antigos rancores, que, em vez de se abaterem, ressurgem com renovado vigor. Situações assim podem durar séculos a fio, até que as pessoas envolvidas sejam despertadas para a pacificadora realidade do amor fraterno. Não há saída para as situações criadas pelo crime do aborto senão pelas vias do amor, da renúncia, da aceitação. Problemas que poderiam ter sido resolvidos, não sem dificuldades, mas com boas possibilidades de êxito, persistem, agravados e mais envenenados que nunca.

O aborto resulta sempre de grave erro de avaliação. A pessoa que o provoca, ou seja, a mulher grávida, por sua própria iniciativa, o parceiro masculino que exerceu sua pressão direta ou indireta, o médico ou a curiosa que o pratica, todos se envolvem nas responsabilidades do crime, cometido, aliás, contra uma pessoa que não tem, sequer, como defender-se ou, pelo menos, fugir – ela é sumariamente destroçada. Não que deixe de existir, como ser imortal que é, mas tem cancelada sua oportunidade de uma nova existência, para a qual certamente tem um programa a cumprir.

Disponho, em meus papeis, gravações e vivências, de histórias dramáticas em torno do problema do aborto. Em decorrência do trabalho de muitos anos junto aos espíritos com os quais mantemos antigo intercâmbio, ficamos conhecendo tragédias realmente aflitivas.

Dizíamos, contudo, que o problema resulta de erro de avaliação e comentamos o aspecto de que há um envolvimento inevitável, de imprevisíveis consequências, em qualquer procedimento abortivo. Realmente, as leis humanas ignoram, toleram ou até admitem e incentivam o aborto, mas não lhe retiram, jamais, a condição de um crime contra as leis naturais, ou melhor, as leis de Deus, que exigem a reparação para que se mantenha a harmonia cósmica nelas implícita.

As pessoas que solicitam ou promovem o aborto parecem totalmente desinteressadas das consequências do ato. Seja por ignorarem de fato a amplitude de suas implicações, seja porque, embora suspeitando ou conscientes delas, obstinam-se em cometer o delito, que as leis humanas não configuram como crime suscetível de punição, a não ser quando praticado por pessoa legalmente inabilitada. Diz-se que, nesse ponto, a lei 'evoluiu', admitindo e até estimulando hoje o que há algum tempo condenava, mesmo em profissionais da medicina, legalmente habilitados à intervenção abortiva sem causa relevante.

Pessoas irreligiosas ou francamente materialistas não têm a menor dúvida ou escrúpulo ao extinguirem uma vida que ensaia seus primeiros passos no mundo da matéria densa. Para essas, o feto é apenas um conglomerado celular descartável, de vez que ainda não teria sido dotado de razão, sentimento, emoção e inteligência. Ou seja, ainda não é uma pessoa humana, tal como entendem isso. São muitos, por outro lado, os que não acreditam mesmo nessa história de alma, espírito, sobrevivência ou renascimento e, por isso, nem estão preocupados com o que possa acontecer. Para eles, a morte – do feto ou do adulto – é acidente inevitável que encerra, para sempre, a atividade do ser humano, que mergulharia no poço escuro e sem fundo do não ser.

A realidade é bem outra. A cada feto rejeitado ou bebê estrangulado corresponde um espírito vivo, consciente, sobrevivente, imortal. Muitas vezes, o corpinho em formação não tem mais do que umas poucas centenas de gramas de peso e logo é esquecido, depois de ter sido arrancado ou expulso do organismo materno, mas o espírito que se preparava para utilizar-se daquele corpo continua vivo e consciente, em alguma dimensão das muitas realidades invisíveis que nos cercam por toda parte. Ele estará lá, à espera daqueles que lhe negaram a sagrada oportunidade da vida, senão com uma atitude agressiva e ameaçadora, pelo menos com o perplexo olhar e o dramático silêncio da censura ou da mágoa.

Não poucas vezes, começa a perseguir e atormentar seus assassinos, enquanto esses ainda se encontram na Terra, dando continuidade à vida física e, quem sabe, promovendo outros abortos contra outros espíritos ou até contra o mesmo que, porventura, tenha voltado para nova tentativa.

Este é um dos erros de avaliação – achar a pessoa que aborta que, removido o feto, estará livre para sempre do problema, porque aquilo é apenas uma bolinha de carne ainda disforme.

Mas eu dizia há pouco que disponho de depoimentos impactantes de espíritos que se deixaram envolver nesse trágico equívoco. Como não dispomos de espaço para relacionar alguns deles, creio oportuno optar pelo relato de apenas um, aliás publicado na *Folha Espírita*, de São Paulo, de onde o leitor interessado poderá resgatá-lo se desejar conhecer melhor os detalhes.

O espírito que nos veio contar este caso era o de uma mulher. Na existência anterior, abortara sistematicamente todas as vezes que engravidara. No tipo de atividade profissional que exercia, entendia que os filhos não passavam de estorvos a serem removidos com a possível presteza. Como iria ela cuidar deles? No sacrifício diário e noturno, cansando-se, envelhecendo, estragando as mãos e, principalmente, o corpo, que era seu mais precioso patrimônio? Nada disso. Pareceu-lhe mais cômodo eliminar logo os bebês, assim que davam início à formação do corpinho a eles destinado, ou mais tarde, em alguns casos, já nascidos.

Foram oito ao todo! Ao retornar ao mundo espiritual, pois todos nós morremos inapelavelmente um dia, encontrou-os lá, à sua espera, e foi recebida com inesperada hostilidade por parte deles, todos revoltados com sua atitude criminosa, que lhes havia cancelado sumariamente as expectativas de vida que nutriam.

Muito tempo ficou ela à mercê de seus rancores e agressividades, pois o Cristo não disse que aquele que erra fica escravo do erro? E que de lá não sai enquanto não pagar o último centavo da dívida? É dívida mesmo, igual a qualquer outra no plano terreno. Só que esta, mesmo disposto a pagar, não o livra da cadeia; você a resgatará, com seu trabalho, suas canseiras, suas lágrimas, para que um dia volte a sorrir, após ter reconquistado a confiança daqueles perante os quais falhou.

Para encurtar a história: a moça foi socorrida, no mundo espiritual, compreendeu a extensão e gravidade de seus erros e decidiu aceitar (Que outro remédio teria?) as condições que lhe foram *concedidas*, pois nada é imposto, a não ser em casos extremos. As condições eram as seguintes: ela renasceria numa família pobre, na Argentina, primeira filha de um casal. O pai, desajustado, seria um alcoólatra de difícil recuperação (ela própria o havia desencaminhado, em existência anterior). Depois dela, nasceriam todos os oito espíritos que ela recusara pelos abortos praticados na vida anterior. Em seguida, a mãe dela e das demais crianças morreria, deixando com ela a responsabilidade de criar, com o suor de seu rosto e o trabalho de suas mãos, os oito irmãos que ela rejeitara como filhos. De contrapeso, ficava, ainda, o pai-problema, antigo amante, igualmente rejeitado.

Seria bela e saudável, mas sua situação não lhe permitiria casar-se, embora tentada pelo assédio de mais de um pretendente. Se o fizesse, desorganizaria todo o plano assentado. Sua tarefa era mesmo a de criar as crianças que outrora recusara. O que teria sido bem mais fácil antes, pois naquele tempo dispusera de recursos materiais, teria de ser feito agora, literalmente, com sangue, suor e lágrimas, mesmo porque seus irmãos – à exceção de um deles – ainda viam nela a mãe assassina de outrora, não a irmã sacrificada de hoje, que tudo fazia para sobreviverem juntos e honestamente.

Para esse projeto, de dificílima execução, ela contaria com dois importantes auxílios: o da mãe, antiga companheira espiritual sua (já fora sua mãe em outra oportunidade) e que se propusera a vir ter, por ela, os filhos que ela recusara; e o irmão maior, o segundo da série, que, a despeito de ter sido também rejeitado por ela, não lhe guardara rancor, por ser um espírito mais equilibrado e evoluído.

A alguém que lhe explicou todo esse plano de recuperação, ela perguntou:

– Mas por que não me deixam casar e ter normalmente os filhos, em vez de tê-los como irmãos-problema, tão trabalhosos e hostis, sem o apoio de um marido?

Isto não era possível, explicaram-lhe, primeiro porque ela precisava criar as crianças com seu trabalho pessoal, que lhes recusara anteriormente, e não com o trabalho do eventual marido. Segundo, porque os espíritos dos filhos rejeitados ainda sentiam por ela muita mágoa e até rancores não superados; a gestação deles criaria dificuldades insuperáveis. À vista do antagonismo filho/mãe, muitos poderiam abortar repetidamente, frustrando os planos de reconciliação.

Estava, pois, colocada diante de uma situação inescapável. Poderia, claro, recusar tudo aquilo, pois ainda lhe restava o sagrado direito do livre-arbítrio, mas isso representaria apenas um adiamento embrulhado num agravamento dos problemas, que permaneceriam sem solução.

Até quando? Mais um século, ou quatro, ou um milênio? Além do mais, quando seria possível reunir novamente, num só ponto, todas as personagens da trágica história e encaminhá-las à recuperação?

Não havia, pois, alternativa mais aceitável ou mais suave. Ela suspirou fundo e se conformou. Diante dela desdobravam-se as imagens de um futuro que, praticamente, já existia, mas que ainda estava por viver. Ela podia vê-lo e senti-lo nas mãos, que o rude e exaustivo trabalho consumiriam, no belo corpo que as canseiras deformariam, nas suas frustrações, nas suas ânsias e renúncias, no desencanto de uma vida de prisioneira, atada ao peso de tantas responsabilidades, no desamor e ingratidão de irmãos hostis, sempre a lhe cobrarem mais do que ela poderia dar-lhes, nas agonias e angústias da solidão no meio de tanta gente cheia de rancores, que lhe caberia converter em amor, entendimento, compreensão e perdão.

Esta é a história da querida amiga. Ela chorou comigo uma lágrima de arrependimento e sorriu um sorriso molhado de esperança. Despedimo-nos como pai e filha, pois ela sonhava, ainda, nascer por aqui mesmo, onde pudesse, senão ser minha filha, pelo menos encontrar-me para que também pudesse ajudá-la em suas dificuldades, pois confiava em mim e nos demais companheiros. Eu a receberia de coração aberto, porque sua história me comoveu, mas ela tem um programa a cumprir e eu já estou vendo, no horizonte desta existência, o clarão deslumbrante do por do sol...

Se a leitora ou o leitor dispuser de um momento, faça por ela uma prece comovida para sustentá-la em suas lutas regeneradoras.

Devo acrescentar, para esclarecer, que essa narrativa foi escrita e divulgada a pedido do próprio espírito para que outras mulheres soubessem – disse ela – um pouco mais a respeito da tragédia do aborto.

Reitero a observação inicial de que as leis divinas estão sempre prontas a oferecer-nos oportunidades de resgate e reajuste; elas não são punitivas, e sim educativas, mas que são severas, são.

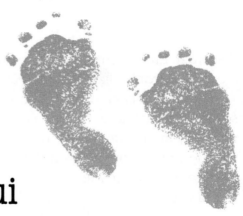

6. Hoje ou daqui a muitos Halleys?

O LEITOR OU A LEITORA DESABITUADO de certos conceitos que estamos aqui utilizando – espírito, alma, renascimento, imortalidade e outros – pode estar pensando que não faço mais do que propaganda de minhas ideias, ficando para segundo plano a história de ajudá-lo a entender melhor esse grande mistério da vida que é o nascimento de uma criança e sua criação. "Isso não passa de pregação espírita", você pode estar pensando.

Vamos esclarecer primeiro este aspecto, para que possamos ir adiante.

De fato, sou espírita, mas não é por isso que estou escrevendo tais coisas, e sim porque a verdade é exatamente assim e não seria honesto de minha parte pensar uma coisa e lhe dizer outra. Também sou pai, meus filhos também têm a mãe deles, e já começam a ter seus próprios filhos, meus netos. Sei muito bem como essas coisas são importantes e que, em hipótese alguma, devem ser objeto de especulações ociosas, mentirinhas e meias verdades. O fato puro e simples é que tanto seus filhos como os meus são gente de verdade, que já existiu antes e vai continuar existindo depois que nós morrermos, e eles também. Admito até que você, leitor ou leitora, não esteja preparado para concordar comigo. Não importa. Não vamos deixar de ser amigos e de nos respeitarmos por causa disso. Mesmo porquê, não adianta. Se a coisa fosse mentirosa, eu não estaria ganhando nada com ela. Sendo verdade, como é, tanto faz acreditar como não, aceitar ou não, concordar ou discordar, um dia chegamos lá, pois a verdade é paciente, tanto quanto a caridade, como dizia o nosso Paulo.

É certo que já há mais de um século os espíritas vêm falando quase sozinhos acerca de tais coisas, como reencarnação, por exemplo. A ideia nem é nova, nem foi inventada pelo sr. Allan Kardec. Posso garantir-lhes até que o professor Rivail – que era esse o nome dele – custou um pouco a aceitar essa informação, que lhe parecia um tanto estranha. Mas é como estava dizendo há pouco: quando a coisa é verdadeira, acabamos chegando lá. Como o professor era um homem culto e inteligente, chegou mais depressa do que seria de se esperar em uma pessoa despreparada. Afinal de contas, a verdade é sempre uma coisa inteligente e, quanto mais custamos a compreendê-la e aceitá-la, mais tempo perdemos, vagando pelos atalhos da vida. Passados os anos ou os séculos, um dia nos convencemos, olhamos para trás e pensamos, lá com nossos botões (se ainda os tivermos): "Ah! meu Deus, quanto tempo jogado fora!"

E aí paramos para pensar e vemos que o melhor é começar logo o trabalho que já poderia estar pronto há muitas e muitas luas... Ou, quem sabe, há muitos Halleys, uma vez que cada quatro Halleys somam cerca de 300 anos, ou, para ser mais exato, 304...

Minha proposta para você que me lê, portanto, é a seguinte: você tem todo o direito de rejeitar tudo isso, fechar o livro ou até jogá-lo fora, mas, se o fizer, guarde bem na memória esse dia, porque irá lamentá-lo em algum ponto futuro, em desconhecida encruzilhada de tempo e espaço. Estou certo de que não vai ser um momento muito alegre, porque você estará muito zangado consigo mesmo. E mais: jogue-o fora de forma que alguém possa pegá-lo. Talvez o livro acabe nas mãos de quem já esteja pronto a aceitar a verdade que você rejeitou.

Em suma, se a coisa é espiritismo ou não, não vem ao caso, o que importa é o seguinte: isso é verdadeiro ou não? Eu digo que sim, mas não apenas eu, são muitos.

Nesta altura da vida, nem são somente os espíritas que estão falando de tais coisas. E é aí que eu estava desejando chegar.

Deixemos, por um momento, os conceitos colhidos na literatura espírita e vamos ao livro da dra. Helen Wambach, sobre o qual fizemos ligeira referência ainda há pouco.

Antes, deixe-me explicar que essa senhora era uma psicóloga americana, devidamente credenciada pelo seu PhD, e que pelo processo da regressão da memória conseguiu reunir o mais importante acervo de dados científicos acerca dos antecedentes espirituais do ser humano até agora.

A regressão da memória consiste, basicamente, em colocar uma pessoa em transe hipnótico ou magnético e fazê-la recuar, gradativamente, no tempo, em busca de lembranças do passado. A pessoa começa a lembrar-se de coisas mais recentes, passa pela juventude, infância, vai ao momento em que nasceu, ao tempo em que estava ainda no ventre de sua mãe, ao período em que viveu como espírito e, finalmente, às vidas já vividas, por aí, nesse grande mundo de Deus.

O leitor interessado poderá ler meu livro *A memória e o tempo*, no qual o tema é tratado com a amplitude necessária a um conhecimento mais aprofundado do que seria possível aqui.

A técnica da indução da dra. Wambach consiste em propor ao paciente uma "redução de seu potencial elétrico das ondas cerebrais a cinco ciclos por segundo". Segundo ela, embora o paciente não saiba, ao certo, do que se trata, sua 'mente interna' sabe. Eu diria que é o espírito que sabe, mas isso não importa muito.

Depois de obtido o desejado estado de indução e relaxamento, ela dá início à sua bem elaborada técnica de coleta de dados.

É sobre o livro dela, intitulado em inglês *Life before life*, que vamos conversar nos capítulos seguintes, dado que, conforme combinamos, você, leitor, e eu, autor, ficamos de priorizar dados não oriundos da literatura espírita e sim de livros puramente científicos.

7. Nascer é que é o problema, e não morrer

AS EXCELENTES PESQUISAS da dra. Wambach foram montadas em cima das seguintes perguntas básicas, formuladas depois que a pessoa regride ao período imediatamente anterior ao do seu nascimento:

1) Foi sua a decisão de nascer?

2) Alguém o ajudou a decidir? Em caso positivo, qual o seu relacionamento com o conselheiro?

3) Como você se sente ante a perspectiva de viver a próxima existência?

4) Há alguma razão pela qual você tenha escolhido nascer na segunda metade do século XX?

5) Foi você que escolheu seu sexo? Se foi, por que você decidiu ser homem (ou mulher)?

6) Qual o seu objetivo nesta vida?

7) Caso você tenha conhecido sua mãe em alguma existência anterior, que tipo de relacionamento tiveram?

8) E seu pai? Se você o conheceu em alguma existência anterior, que tipo de relacionamento tinham?

9) Concentre-se no feto. Você sente que está dentro dele, ou fora? Ou entrando e saindo? Em que momento sua consciência passa a funcionar no feto?

10) Você tem consciência das atitudes e sentimentos de sua mãe pouco antes de você nascer?

11) O que você sentiu ao emergir do canal do nascimento?

Como se pode verificar, a dra. Wambach não está fantasiando, nem se dirigindo a uma 'coisa', a uma abstração ou hipótese, ela está falando com uma *pessoa* normal, inteligente, consciente, responsável, capaz de observar, concluir e expor suas ideias coerentemente, como qualquer adulto razoavelmente sensato e equilibrado. Ela não se dirige a um bebê que acaba de ser criado e que, portanto, não teria consciência anterior de si mesmo, nem qualquer tipo de relacionamento com mãe, pai e outras pessoas.

É uma pessoa que sabe dizer se decidiu espontaneamente viver outra existência na carne ou se foi induzida (ou até forçada) a fazê-lo. Lembra-se das pessoas com as quais conversou, programou sua vida e aconselhou-se quanto aos seus objetivos, necessidades e projetos. É alguém que ponderou seriamente acerca das responsabilidades de uma nova existência; que por alguma razão pessoal, bem clara e explícita, resolveu nascer nesta época e não antes ou mais adiante; que decidiu por um sexo ou outro, também por opção consciente; que, usualmente, conhece, de outras vidas, sua mãe e seu pai e com eles já manteve relações de parentesco, amizade ou até desavenças que precisam ser sanadas; que tem consciência de sua ligação a um feto, ou seja, a um corpo físico em formação. Mais do que isso tudo, porém, tem condições de captar, por algum processo ainda obscuro, os sentimentos de sua futura mãe, de seu pai e demais pessoas, com relação a ele, espírito renascente. E que, finalmente, é capaz de observar todo o processo, analisá-lo com perfeita lucidez e concluir, ordenadamente, o que acha de tudo aquilo.

Creio que precisamos examinar com mais vagar alguns desses dados científicos, uma vez que são importantes demais para a eles nos referirmos apenas em duas ou três frases apressadas. As informações neles contidas são de vital significação para todos nós e, por isso, proponho conversarmos mais adiante sobre o assunto. Antes, porém, parece oportuno passar os olhos em alguns dados estatísticos colhidos pela brilhantíssima dra. Helen Wambach.

Noventa por cento de seus pacientes mergulharam nesse fantástico depósito de lembranças e emergiram com algumas surpresas para si mesmos e para a competente psicóloga. Uma delas: a de que morrer até que é bom, nascer é que não é nada interessante. "As duas mortes que tive, nas duas vidas (de que me recordei) esta noite, foram experiências muito agradáveis", escreve uma pessoa. "Nascer é que parece uma tragédia".

Quem diria, hem?

Outra inesperada informação para a dra. Wambach: a de que nem um só de seus 750 pacientes (àquela altura) sentia que o "verdadeiro ser interior de cada um fosse masculino ou feminino". O que nos leva à evidência – por mim referida em *O espiritismo e os problemas humanos* – de que a libido é uma forma de energia e o sexo, em si mesmo, a resultante de uma polarização de tal energia.

Coloquemos mais uma de tais informações/surpresas: a consciência de cada ser não provém do feto, não faz parte integrante dele; apenas *está* nele. "Eles existem, totalmente conscientes, como entidades independentes do feto." Na realidade o "corpo fetal é restritivo e limitador", e muitos preferiam "a liberdade da *existência sem o corpo*". Em outras palavras, era melhor não ter nascido.

O recém-nascido "sente-se como que segregado, reduzido e solitário, em comparação com o estado intermediário entre uma vida e outra". Mas, voltemos aos dados estatísticos.

1) 81% dos pacientes disseram que eles próprios haviam decidido renascer. 19% afirmaram que não tinham lembrança de nenhuma decisão ou que nada lhes ocorrera dizer, quando questionados com relação a esse ponto.

2) Do total pesquisado, 68% declaravam-se relutantes, tensos ou resignados ante a perspectiva de viver nova existência. Somente 26% consideravam a nova oportunidade com certo otimismo, mas, curiosamente, não estavam interessados em fazer da vida um contínuo fluxo de prazeres e, sim, nutriam esperança de alcançar alguma conquista evolutiva.

3) 90% dos pesquisados informaram que as mortes foram experiências agradáveis, mas que os nascimentos constituem momento de desventura e tensão.

4) Ainda quanto aos objetivos planejados para a vida a ser vivida, não observou a cientista nenhum projeto especial de desenvolver talentos ou faculdades, mas, "prioritariamente, aprender a relacionar-se com os outros e amar sem ser exigente e possessivo". Deste grupo,

28% tinham consciência de haver trazido uma espécie de 'mensagem' à humanidade, no sentido de que é preciso ser solidário com o semelhante e "desenvolver o consciente superior", ou seja, o conceito de que somos todos, primariamente, seres espirituais. Os pacientes da dra. Wambach foram "praticamente unânimes em rejeitar qualquer intenção voltada para o aumento da riqueza, do *status* e do poder".

5) 87% das pessoas consultadas – uma taxa elevadíssima – declararam haver conhecido seus pais, amantes, parentes e amigos de uma ou outra vida anterior. Nenhuma consistência encontrou a doutora em apoio às teorias freudianas do complexo de Édipo e do complexo de Electra, segundo os quais os filhos experimentam forte atração sexual pelas mães e as filhas pelos pais. (Observação nesse sentido consta, igualmente, de meu já citado livro *A memória e o tempo*.) O relacionamento anterior pode ter sido o mais diversificado possível.

Como se depreende de tudo isso, nascer ainda constitui, para a maioria, uma espécie de provação, mais um dever do que um prazer. Morrer, ao contrário, é um processo de libertação, quanto ao confinamento na carne.

A mais dramática conclusão, porém, a que mais destacadamente ressalta dessa pesquisa, é a de que a criança é um ser espiritual adulto, experiente, consciente, dono de insuspeitado acervo de conhecimentos, envolvido em deliberado projeto de vida, com metas, objetivos e propostas nitidamente concebidos e programados. É, portanto, uma pessoa preexistente e sobrevivente, conforme o espiritismo insiste em ensinar há mais de um século e como o próprio Cristo ensinou há cerca de dois milênios.

Acho, porém, que ainda temos importantes aspectos a comentar sobre a excelente pesquisa da dra. Helen Wambach.

O leitor ainda está comigo? Vamos avançar um pouco mais? Ou já resolveu jogar o livro fora e nem percebi quando você desceu do trem? Se desceu, paciência. Lamento dizer que ficará por aí à espera de outro trem, que poderá demorar mais do que você imagina. É claro, contudo, que a opção é sua, no uso e gozo do seu sagrado direito ao livre-arbítrio.

8. Para que nascemos?

COMO NÃO PODEMOS comentar todo o livro da dra. Wambach, o que seria praticamente escrever outro volume, resolvi selecionar e resumir apenas dois ou três aspectos que me pareceram mais importantes como sustentação de nosso próprio trabalho.

A escolha da época, por exemplo. Por que teria toda aquela gente escolhido a segunda metade do século XX para nascer?

Há uma ampla variedade de respostas a essa pergunta, mas creio que podemos resumir dizendo que existe, para este período, grande expectativa de aprendizado, de iluminação do ser, que começa a tomar consciência de si mesmo, de sua condição de criatura imortal e perfectível. Do conjunto consultado, 51% declararam ter decidido nascer nessa época "por causa de seu grande potencial para maturação espiritual" das pessoas. Houve quem dissesse que "muitos espíritos evoluídos estavam renascendo agora" e que "estamos todos mais próximos da paz mundial e de um sentimento de integração na humanidade como um todo". Ou que "muitas grandes almas estão vindo juntas", para elaboração de "uma Era de Ouro", na qual "mudanças monumentais começam a ocorrer e ainda ocorrerão".

Na verdade há predominância desse tom otimista quanto aos negócios do mundo, embora uma percentagem – relativamente inexpressiva de 4 em 100 – ainda conserve uma atitude pessimista em relação à época em que decidiram nascer.

Muitos, contudo, vieram por causa de suas ligações com outros seres que aqui se encontravam ou estavam para nascer. Razões muitas: procurar melhor entrosamento, reparar faltas cometidas contra essa gente no passado ou doar alguma coisa de si a alguém ou à humanidade. Uma senhora declarou que tinha consciência de haver nascido para "produzir um líder político".

Várias mulheres declararam ter escolhido este período da história por causa das conquistas programadas para as pessoas de sua condição, ou seja, não apenas maior liberdade para a mulher, mas, principalmente, considerável melhoria de *status*.

Quanto à escolha do sexo, as razões são ponderáveis e informativas.

> Escolhi vir como mulher [disse uma moça] porque ela é mais amorosa, expressiva e ligada em si mesma. Sinto que *meu lado feminino* é melhor para refletir tais aspectos. (Destaque meu.)

Outra pessoa expôs da seguinte maneira suas razões:

> Bem, eu realmente não escolhi meu sexo, mas fiquei satisfeito ao saber que, desta vez, seria homem. Estive no sexo oposto na maioria das minhas existências mais próximas e levei vidas miseráveis por isso.

Sobre os objetivos e finalidades das vidas, a tônica é, inquestionavelmente, o aprendizado, ou melhor, o reaprendizado do amor fraterno. Incrível como em pessoas tão diferentes umas das outras ocorra tal coerência e identifiquemos tão sólida e concludente convergência.

> Quando você perguntou acerca da finalidade (da minha vida), compreendi que é a de estabelecer um novo relacionamento com pessoas a quem devo, por prejuízos que lhes causei em vidas anteriores. Tenho certeza agora de que devo ajudar meu marido, alcoólatra nesta vida, porque fui cruel com ele em existência anterior.

Ou: "[...] meu objetivo foi o de conciliar-me com algumas pessoas pelo dano que lhes causei em vidas passadas."

Sobre tais situações, comenta a dra. Wambach:

> [...] 18% de meus pacientes disseram ter vindo para esta vida para aprender a doar o amor. O objetivo não foi o de estarem junto de pessoas específicas, mas *aprender a amar*. (O destaque é meu.)

"Tenho de aprender a não me agarrar possessivamente aos outros", disse alguém.

Há quem tenha vindo para "livrar-se do materialismo e combater o negativismo", bem como "combinar emoções masculinas e femininas para desenvolver o controle sobre elas, o amor e a força do caráter". (Imagine o leitor se uma dessas pessoas, nascida sob a pressão de impulsos mais ou menos desencontrados, exatamente para aprender a dominar paixões em tumulto, encontra um [mau] conselheiro que o estimula precisamente a *assumir* seu latente homossexualismo, por exemplo.)

O momento da ligação do espírito com o feto, ou seja, com o corpo em formação, é variável, segundo as pesquisas da dra. Wambach. Há quem diga ligar-se no momento da concepção; há os que somente ao nascer sentiram-se, de fato, como que imantados ao corpo da criança; mesmo assim, ainda com certa autonomia para deslocamentos fora do corpo físico. As estatísticas da doutora revelam que, nos 750 casos pesquisados até a época em que escreveu o livro – publicado em março de 1979 –, 89% disseram que somente se tornaram parte do feto ou se envolveram com ele após seis meses de gestação.

Não ponho em dúvida esses dados, mas ainda entendo que resultam de importante consideração que talvez não tenha sido possível apurar com maior precisão, ou seja, a de que isso é o que a pessoa *se lembra* e que pode não ter sido o que realmente *aconteceu*. Desde as primeiras semanas, e como regra geral para cada feto, há um espírito indicado ou, pelo menos, já em preparo para renascer.

O dr. Jorge Andréa chega a admitir que o espírito possa estar presente e influir na seleção do espermatozoide que vai disparar o mecanismo da fecundação e consequente gestação. Naturalmente que para isso é necessário que o espírito tenha condições evolutivas e de conhecimento bastante satisfatórias, pois há renascimentos regidos por leis emergenciais, em cujo processo pouco participa, conscientemente, o espírito reencarnante. É certo, porém, que a presença do espírito ou, pelo menos, sua imantação ao feto é vital ao desenrolar do processo, dado que é o seu perispírito que traz as matrizes cármicas que entram como componente decisivo na formação do novo corpo físico, interagindo com os mecanismos puramente genéticos.

Exemplos dramáticos de tais casos são os de antigos suicidas, cujos 'moldes' perispirituais estão danificados nos pontos afetados pelo gesto de desespero: ouvido, coração, aparelho digestivo ou respiratório, caso tenham sido atingidos, respectivamente, por tiros, ou tenham se matado com a ingestão de venenos, ou, ainda, por sufocamento ou afogamento.

Da mesma forma, seres que não tragam tais compromissos retificadores têm assegurado pelas leis divinas, que tudo regem com infalível sabedoria, direito a um corpo apropriado às nobres tarefas que venham a desempenhar na Terra, como um bom cérebro físico, mãos dotadas de recursos para habilidades específicas ou saúde que lhes garanta os anos de vida de que necessitam para levar a bom termo suas tarefas.

É evidente, repetimos, que tudo isso precisa interagir com os componentes genéticos dos pais, do que se depreende como são complexas e delicadas as operações que se desenrolam nos bastidores de uma coisa aparentemente tão simples e automatizada como a geração de uma criança. Sim, porque, em princípio, o mecanismo da fecundação em si não exige nenhum tipo especial de competência ou conhecimento da parte dos pais, muitos dos quais não têm a menor ideia das inconcebíveis complexidades dos processos e das leis que fazem tudo isso funcionar com assombrosa precisão. O mecanismo começa a mover-se desde que são promovidas, no mundo invisível aos nossos olhos habituais, as 'negociações' para que um grupo espiritual consiga renascer junto, com uma programação coerente, relacionamentos bem definidos e tarefas específicas a realizar. Nada é deixado ao acaso ou à improvisação, embora haja flexibilidade para certas opções. O que complica esse quadro é que muitos, aqui chegados, deixam de cumprir a parte que lhes toca no acordo e, então, tudo se embaralha e degenera em novos atritos e, por conseguinte, em nova safra de sofrimentos futuros.

Tais entendimentos prévios e planejamentos são de um realismo impressionante. A dra. Wambach colheu, por exemplo, o depoimento de uma pessoa que, percebendo que a mãe estava pensando em provocar um aborto, manteve com ela um contato decisivo, de espírito a espírito, e ganhou sua causa, pois conseguiu que ela desistisse de seu funesto intento.

Outra narrou uma curiosa historinha que vale a pena resumir, pelas lições que contém.

9. Reflexões sobre a adoção

DUAS VEZES LEVADA, pela regressão, ao período pré-natal, para melhor definição de certos aspectos, essa pessoa – uma mulher – contou a seguinte história pessoal.

Ainda na condição de espírito, no intervalo entre a existência anterior e a que estava sendo planejada, a pessoa decidiu nascer de determinado casal porque sabia serem eles possuidores de melhor material genético a oferecer-lhe, proporcionando-lhe as condições físicas e mentais de que ela pretendia ser portadora. Sabia mais, contudo: que o tipo de ambiente desejado para sua educação só poderia ser proporcionado por outro casal, obviamente de seu conhecimento também. O projeto elaborado consistiu, portanto, em nascer de determinado casal e ser adotada pelo outro. O esquema previa, ainda, o nascimento no sexo masculino, o que acabou não se concretizando por causa de uma atitude confessadamente impaciente do espírito renascente. (Lição número 1: gestos de impulsividade, impaciência e cólera, ainda que momentâneos e aparentemente sem consequências, geralmente desdobram-se em imprevisíveis e complexas amplitudes.)

Pelo que se depreende do breve relato da moça, o casal que ela escolhera como pais genéticos estava programado para ter dois filhos – uma menina e, ano e meio depois, um menino. O segundo corpo é que estava destinado à cliente da dra. Helen Wambach. Impaciente, contudo, ela resolveu tomar o primeiro corpo para si e acabou nascendo como menina e não como menino, conforme planejado. Só por ocasião da regressão ela conseguiu entender porque se sentia pouco à vontade naquele corpo feminino. (Lição número 2: a troca de sexos pode acarretar problemas, alguns de considerável gravidade.)

Antes de prosseguir com este relato é necessário abrir espaço para alguns comentários esclarecedores.[1]

Por ter sido redigida de maneira sumária e imprecisa, a observação contida dentro do parêntese, como "Lição número 2", suscitou certas dúvidas e até contestação da parte de alguns leitores mais preocupados com a pureza doutrinária e que teriam entendido o texto como endosso meu à hipótese de que o espírito reencarnante mudara o sexo da criança em gestação, trocando-o de masculino para feminino. Realmente, o que está ali escrito poderia prestar-se a essa interpretação, mas não é o que ocorreu. Uma leitura atenta ao capítulo desautoriza, por si mesma, tal suposição, de vez que a entidade desejava, precisamente, renascer em corpo masculino, como havia planejado. Ainda que ela pudesse e conseguisse mudar o sexo da criança em formação, ela não o faria, exatamente porque era assim mesmo que ela queria.

O que pretendi dizer ali nada tem a ver com a troca de sexo *no feto*, depois de já estar definida a sua polaridade sexual, e sim chamar a atenção para o fato de que podem ocorrer determinadas turbulências comportamentais quando essa troca ocorre *de uma encarnação para outra*. Em diferentes palavras: depois de uma série mais ou menos longa de existências no sexo masculino, a entidade que se reencarnar como mulher poderá – não necessariamente – encontrar dificuldades de adaptação ou sentir-se atraída pela prática do homossexualismo, por exemplo. Sobre esse aspecto há, no Capítulo 8 – "Para que nascemos?" –, algumas observações específicas, ainda que breves. A própria moça que viveu esta situação menciona seu até então inexplicável desconforto com o sexo feminino, no qual se encontrava reencarnada, quando teria preferido renascer como homem.

O leitor interessado em mais amplos comentários sobre o assunto deverá ler o módulo intitulado "Visão dualista do problema da sexualidade", que escrevi para o livro *O espiritismo e os problemas humanos*, páginas 163-183, do saudoso e querido companheiro Deolindo Amorim.

---

[1] Esta observação do autor foi inserida na obra a partir da 4ª edição.

Feito o esclarecimento necessário, voltemos à narrativa inicial.

A modificação introduzida nos planos acarretou outra consequência, igualmente imprevista: os pais adotivos estavam 'conversados' para receber um menino e não uma menina. A moça não conseguiu lembrar-se de tudo, mas declarou (acertadamente a meu ver) que "provavelmente teve de arranjar as coisas" para que *ela* fosse adotada e não seu irmão mais moço, cujo corpo ela havia escolhido previamente para ser o seu. Essa conclusão me parece correta porque, inexplicavelmente, embora decididos pela adoção de um menino, os pais preferiram ficar com a menina, apesar de estarem ambos sendo oferecidos à adoção. (Lição número 3: intenso intercâmbio de ideias, propostas e acordos ocorre nos bastidores do mundo invisível sem que tenhamos consciência de toda essa atividade, a não ser fortuitamente.)

Isto levanta uma questão que eu havia deixado para discutir mais adiante, mas que podemos tratar aqui mesmo, para aproveitar o 'encaixe' natural oferecido pelo caso.

É correto e aconselhável adotar crianças alheias?

A questão é bem mais complicada do que possa parecer à primeira vista, e não creio que devamos propor para ela uma resposta maniqueísta, sim ou não, preto ou branco. Como em tantas outras situações da vida, às vezes o melhor tom é o cinzento, e não as alternativas radicais.

O primeiro aspecto a considerar é o cármico. Penso que já deu para entender que os espíritos renascem com programas de vida bem detalhados e específicos para executar determinada tarefa, especialmente aquelas em que o objetivo é o aprendizado ou reaprendizado do amor, como vimos anteriormente.

Sabemos que as leis de Deus são, ao mesmo tempo, severas e flexíveis, o que significa que não são *punitivas*, mas *educativas*, e que não impõem a correção senão na medida suportável pela pessoa, a fim de não sobrecarregá-la acima de suas forças. Se abusamos, por exemplo, da riqueza, é certo que vamos ter uma ou mais existências de pobreza e dificuldades. Se usamos a beleza física como arma ou instrumento de domínio, podemos contar com a feiúra mais adiante. Se esbanjamos de modo inconsequente a saúde, virão deficiências orgânicas. Se tripudia-mos sobre o amor que nos dedicaram pessoas abnegadas, é fácil prever existência futura (talvez mais de uma) em que amargaremos a solidão, o desamor, o abandono.

A ação educativa vem, portanto, com os sinais trocados, na medi-da, extensão e teor do erro cometido. Nem mais, nem menos, por-que, quando erramos, produzimos automaticamente um 'molde' a ser utilizado pelos mecanismos de reparação. Por isso a palavra *carma* quer dizer ação e reação e, por isso, alguns autores a chamam de lei do retorno. São maneiras diferentes de explicar o mesmo conceito básico de que você é responsável por tudo quanto faz de errado e contabiliza a seu favor as boas ações praticadas, por mais insignifi-cantes que elas sejam. Tudo conta ponto, de um lado ou de outro, negativo ou positivo. O resultado desse balanço é a medida da nossa paz interior ou dos distúrbios emocionais que ainda remanescem em nós, à espera de solução.

Segue-se que o espírito que nasce sob condições adversas tem al-gum compromisso pendente por ali, mesmo porque a lei não im-põe sacrifícios inúteis ao inocente. Na sua fantástica complexidade, contudo, a lei é também de uma lógica e paradoxal simplicidade em tudo o que movimenta. Como dissemos há pouco, ela não é de uma inflexibilidade incontornável. Por outro lado, ela não embaraça ou de-sestimula o exercício da caridade, muito pelo contrário, deixa sempre espaço para que entre em ação, a qualquer momento, a lei maior do amor ao próximo. Isto quer dizer que não devemos cruzar os braços ante um doloroso caso social, ante o sofrimento alheio, a penúria, a dor, a aflição, somente porque a pessoa fez alguma coisa errada no passado e, portanto, merece o sofrimento que lhe foi imposto. Não recusemos, jamais, a ajuda ao que sofre, sob o raciocínio farisaico de que ele tem mesmo de sofrer para aprender. Qualquer um de nós, em semelhante situação, gostaria de um gesto de solidariedade, de amor, de ajuda, que nos aliviasse o sofrimento, por mais justo e merecido que ele seja. "O amor", disse o apóstolo Pedro, "cobre uma multi-dão de pecados." Muitas vezes é o gesto fraterno de solidariedade e compreensão que vai disparar no espírito alheio o dispositivo da aceitação, da conformação sem revolta, do estoicismo, que compreendeu que os amplos territórios da felicidade começam logo ali adiante, *depois* de percorrido o caminho estreito e espinhoso do sofrimento regenerador.

Mas, afinal de contas, devemos ou não devemos adotar crianças?

Disse, há pouco, que não há respostas tipo preto ou branco, uma excludente da outra. Acho que a melhor regra, nesses casos, é agir segundo sua intuição, após ouvir, no silêncio da meditação e da prece, sua voz interior.

Na minha opinião pessoal (Atenção: *pessoal*, não uma regra geral ou norma), a adoção é a solução humana indicada para os recém-nascidos abandonados ou para crianças entregues a asilos e orfanatos. Quanto às crianças encontradas em famílias presas a ambientes de pobreza e dificuldades, entendo que devam ser assistidas, ajudadas, orientadas, acompanhadas, porém mantidas no lugar onde estão. A transferência de uma criança de um contexto de pobreza e simplicidade para um de riqueza e sofisticação oferece insuspeitados riscos e inconveniências.

Julgo necessário explicitar melhor este ponto de vista (*pessoal*, não se esqueçam).

Eu não havia formulado um juízo concreto sobre esse problema. Certa vez, contudo, há não muito tempo, um espírito contou, em nosso grupo, que, após uma ou mais existências em que fora daquelas de quem costumamos dizer que "têm tudo" – beleza, riqueza, *status* social ou poder –, ela se viu, finalmente, numa vida em que foi encaminhada para a extrema pobreza a fim de reeducar-se, pois, quando "teve de tudo", usou e abusou de seus poderes para errar, oprimir, impor sua vontade e fazer muita gente sofrer.

Pois bem, renascida em contexto de privação, onde estava programada para levar uma vida dura, difícil, mas honesta e regeneradora, alguém a tirou dali – era uma bela menina – e a levou para criar-se em ambiente de luxo, onde novamente se perdeu, atropelada pelas antigas matrizes espirituais de que não conseguira ainda livrar-se. Ao regressar ao mundo espiritual, seus compromissos tinham se agravado, em vez de levá-los pelo menos atenuados ou, possivelmente, liquidados, quanto aos aspectos que tanto a infelicitavam.

Enquanto viveu, tudo parecia muito bem. Era a menina pobre e anônima que 'subira' na escala social, vivendo como uma grande dama uma existência na qual, mais uma vez, empregou seus dotes de beleza física e muito da fingida 'finura' de trato para, novamente, dominar e impor sua vontade caprichosa àqueles que a cercavam. Por isso, descera, espiritualmente, enquanto, pelos padrões humanos, havia se 'elevado' socialmente.

Ela própria dizia agora, como espírito, novamente desencantada e insatisfeita consigo mesma, que teria sido preferível que a família rica que a adotou, ainda jovem, a tivesse ajudado a ficar lá onde estava para que se reeducasse e considerasse as pessoas como seres humanos, não como peças de seu tabuleiro pessoal de xadrez, onde a vitória consiste em eliminar tudo o que se coloca no caminho que leva ao xeque-mate.

Sou francamente favorável à atitude de casais sem filhos, ou mesmo já com filhos próprios e alheios, que se decidem pela adoção de crianças abandonadas ou órfãs de pai e mãe. Pelo que tenho tido oportunidade de verificar no longo trato com os espíritos, muitas vezes o caminho para chegar a determinado casal passa por um nascimento desses, aparentemente fortuito e 'por acaso'.

Um amigo meu, já idoso e com os próprios filhos criados, certa vez encontrou, à porta de sua casa, um recém-nascido a chorar. Recolheu-o com todo o amor e o está criando com o maior devotamento, apesar do sacrifício pessoal que isso significa para ele e para a esposa, já desobrigados de suas tarefas junto aos filhos. Diz-me ele, porém, que o menino – com mais de três anos a esta altura – é a alegria deles, a despeito de todas as canseiras e imprevistos que impõem os cuidados de uma criança. Como eu, também ele pensa que, de alguma forma misteriosa, aquele espírito estava mesmo destinado a eles e algum vínculo deve existir a uni-los.

Em outro caso, para citar apenas mais um, confirmou-se, posteriormente, a existência de antigas conexões do casal com a menina que, como se diz, praticamente lhes caíra ao colo.

Até aqui tenho falado, neste particular, de minhas opiniões pessoais, *enfatizando bem* que não constituem regras gerais. Agora, não; falo sobre uma norma universal, infalível, insubstituível e eterna: é a lei do amor. Se você percebeu por aquela criança específica o suave calorzinho do amor, tome-a nos braços e deixe que o amor o inspire. Se não lhe parece aconselhável – pelas razões expostas ou outras que você admitir – levá-la para sua casa, mesmo assim dê-lhe seu amor, materialize esse amor em ajuda concreta, não excessiva, não sufocante e não possessiva, mas sob forma de apoio, para que ela possa viver onde está, minorando dificuldades, sem remover de seu caminho os obstáculos de que ela precisa para se fortalecer, ao aprender a superá-los. E faça o possível para não interferir com o livre-arbítrio da criança e com o daqueles que a cercam. Proporcione-lhe a orientação que você entender necessária e oportuna, mas deixe as decisões finais a critério de cada um.

Com isto, nos antecipamos um tanto ao nosso esquema. Voltemos um passo ou dois, porque ainda não conversamos sobre o que se passa na mente de um espírito nos dramáticos momentos em que ele está renascendo.

É o que iremos ver a seguir.

10. "Bem, vamos lá!"

OS MAIS DRAMÁTICOS depoimentos colhidos pela dra. Helen Wambach são os que contam as emoções e as perplexidades do nascimento em si, ou seja, o momento do parto. Muitos aspectos inesperados e até paradoxais foram revelados nesse mergulho nas profundezas da memória integral das pessoas.

Como vimos, a doutora conseguiu que 84% de seus pacientes, num grupo de 750, se lembrassem, com impressionantes detalhes, do significativo drama cósmico do nascimento. Com algumas constantes observadas, ela montou um quadro de não poucas surpresas. A primeira delas foi, como já vimos, que morrer constitui, habitualmente, uma experiência agradável, pelo seu conteúdo libertador. É a volta a uma dimensão em que temos uma visão mais ampla da vida, uma incrível capacidade de movimentação e de entendimento, ao passo que nascer traz consigo um componente de incerteza, de melancolia, de inquietação ou franco desgosto.

Muitas são não propriamente queixas dos nascituros, mas suas apreciações críticas sobre aspectos desagradáveis, senão negativos, que encontram logo à soleira da nova existência que se preparam para viver.

Tentemos resumir tais depoimentos para não nos estendermos demais.

Em primeiro lugar, o ato físico de nascer. A criança vem de um estágio dentro do organismo materno, onde se encontrava em ambiente silencioso, tépido e escuro, além de aconchegante e confortável. Ao emergir, muitas vezes de maneira inadequada, abrupta, quase violenta, é atirada em um contexto extremamente agressivo, como se, literalmente, saltassem sobre ela e a envolvessem três fatores adversos: o frio, a intensa luminosidade e o barulho. São praticamente unânimes as observações nesse sentido, pois o parto é feito sob a intensa luz de refletores e, usualmente, a criança fica, por alguns momentos pelo menos, nua e abandonada sobre a fria superfície de uma peça, na sala de operação, a perceber à sua volta toda aquela nervosa agitação de pessoas que se movimentam e falam. Chocam-se instrumentos, zumbem aparelhos e mecanismos diversos, especialmente quando ocorre alguma crise e a mãe e/ou o bebê têm de ser atendidos em regime de emergência.

Muitos são também os que reclamam da precipitação com que é feito o parto, em momento em que a criança tem a convicção de "ainda não estar pronta" para emergir do lado de cá da vida. Isso ocorre seja porque o parto está sendo induzido ou porque a cesariana, que se vai tornando cada vez mais rotineira, foi programada segundo conveniências do médico e/ou da família, e não em sintonia com os critérios universais da natureza.

A sensação de estar sendo forçada antes do momento apropriado adquire, às vezes, dramática intensidade. Uma pessoa descreveu da seguinte maneira suas impressões:

> No canal do nascimento, certa força continuava a me empurrar. E eu nada podia fazer, pois não havia onde me agarrar ou pendurar. Imediatamente após o nascimento, senti o súbito impacto do ar frio, luzes brilhantes e gente usando uma roupa esquisita.

Outro expõe:

> Senti-me indignado no canal [expõe outro], porque eu estava sendo forçado a sair antes do tempo que desejava. Logo que nasci, observei a parede, de um branco intenso, a apenas uma jarda diante de mim. Não estava consciente dos sentimentos das demais pessoas por causa da minha intensa fúria.

Acho que a tônica de tais depoimentos é o extraordinário senso de maturidade, de dignidade, de percepção e sensibilidade das pessoas regredidas. Quem está ali, vivendo a traumática experiência do nascimento, não é um bebê inconsciente, ignorante e 'desligado' de tudo, mas um ser adulto e amadurecido, na plena consciência de seus poderes e recursos intelectuais. Nele se percebe, muitas vezes, uma inteligência superior e uma experiência de inesperada amplitude e profundidade. E mais: são pessoas dotadas de apurada capacidade crítica, em condições de captar, com incrível facilidade, não só o que se diz à sua volta, mas até o que se *pensa*, ou apenas se *sente*, ainda que a palavra dita seja diferente e oposta àquilo que realmente está na mente da pessoa que fala.

Vimos há pouco a indignação de bebês que foram obrigados a nascer antes de se sentirem em condições de fazê-lo. Há mais, contudo. Eles percebem, claramente, se estão sendo tratados condignamente e com interesse e amor ou se estão sendo rejeitados ou considerados meros objetos ou coisas que nem alma têm. Doi-lhes a frieza profissional e apressada de médicos e enfermeiras, ou o sentimento de rejeição e desapontamento da mãe ou do pai, o ciúme do irmão mais velho ou a irritação da avó.

"Como posso me comunicar com essa gente?", pergunta a si mesmo um deles. Outro diz:

> Minha impressão era a de que as pessoas, na sala de parto, não sabiam de nada e eu sabia tudo aquilo. Isso me pareceu cosmicamente divertido.

> [...] percebi que meu espírito observava tudo. Juntei-me ao corpo momentos antes do nascimento. Minha impressão, após o nascimento, foi a de que a palmada que o doutor me aplicou *não* era necessária. Fiquei indignado. Eu sabia que o médico estava com uma bruta ressaca.

> [...] parecia-me que os médicos não percebiam que eu estava consciente e me tratavam como um não ser, mera coisa ou objeto.

Observe o leitor este outro depoimento:

> A experiência no canal foi a mais vívida para mim. Eu sentia a tepidez do útero e as contrações musculares que me forçavam a descer. Estava

experimentando esse movimento para baixo quando explodiu aquela luz intensa, agoniadamente brilhante, e meu rosto todo se contraiu. Percebia vagamente alguns dos pensamentos dos médicos e das enfermeiras, e seus sentimentos. Não era meu presente ego que aceitava essas ideias, porque eu achava que, como bebê, não era suposto estar fazendo aquilo. O caso é que eu *estava* mesmo telepaticamente consciente das emoções deles.

Declara outro que as pessoas à sua volta o estavam manipulando sem nenhum sentimento de amor, "com grande frieza emocional". E prossegue:

> Eu tinha consciência dos sentimentos deles. Estavam fazendo o trabalho que lhes competia e eram bem intencionados. Só que nem se davam conta da sua própria insensibilidade e do quanto eu era capaz de entender tudo aquilo.

Uma das pessoas percebe que os pais estavam fazendo o possível para aceitá-la, compensando-a pela relutância que haviam demonstrado em tornarem-se pais dela, mas o bebê "sabia da verdade", mesmo ouvindo-os falarem de futuros planos que tinham a respeito dele.

"Eu tinha a inteligência de um adulto", depõe outro.

> [...] uma mulher me apanha bruscamente. Sinto-a zangada e vejo que não gosta de mim. Parece que, de alguma forma, eu a ofendera. Minha mãe também está cansada demais e dolorida para demonstrar qualquer interesse por mim. A mulher sai comigo nos braços. É como se eu fosse um patife. Lágrimas genuínas escorriam de meus olhos, enquanto ela me levava. Na verdade, eu queria voltar para aquele espaço luminoso de onde viera.

Esse, aliás, não é o único que, se pudesse, teria voltado prontamente para o "lugar de onde veio", ou, sequer, teria saído de lá.

"Como as pessoas são tolas por não saberem o que os bebês desejam", declara outro.

[...] senti-me desapontado ao observar que a alegria que eu experimentava ao nascer não encontrava eco aqui fora. Eu estava lúcido e alerta, mas as pessoas que me cercavam não sabiam disso.

Eu não estava gostando nada da ideia de ser espremido para dentro daquele pequeno corpo, mas me conformei e disse a mim mesmo: 'Bem, vamos lá!', e mergulhei como quem pula na água fria.

[...] minha mente é grande demais para este pequeno corpo...

O médico se mostrava ocupado com a tarefa do parto e despreocupado de mim, como pessoa humana.

[...] tive vontade de rir deles, não sei porquê. Acho que foi porque eles não sabiam realmente quem eu era e nada sabiam acerca do que é nascer.

[...] minha avó era torpe. Primeiro pensei que se tratasse de uma enfermeira, mas logo percebi que ela era minha avó.

Poderíamos multiplicar depoimentos como esses, não fosse o risco de torná-los repetitivos demais. Acho, porém, que alinhamos o suficiente para nos convencer de que, em lugar de um 'inocente' e obtuso bebê, incapaz de pensar, sentir e entender o que se passa à sua volta, temos, ao contrário, um espírito amadurecido, dotado da estranha faculdade de captar sutilezas como pensamentos e sentimentos que nem chegam a ser expressos ou formulados.

Isto merece e precisa de comentário à parte.

11. Mistérios do processo de comunicação

PARECE ÓBVIO ADMITIR que os nascituros ainda não tenham condições de entender a língua que está sendo falada em torno deles. E nem precisam entendê-la, porque captam, como vimos reiterando, pensamentos que não chegam a ser convertidos em palavras ou, mesmo convertidos, não correspondam à verdade íntima da pessoa que os expressou.

Certa vez, em pequeno estudo acerca dos animais, escrevi que, no meu entender, existe na natureza um nível primevo de comunicação, anterior ao da palavra, independente dela, uma espécie de canal através do qual todos os seres vivos – das plantas aos seres humanos, passando pelos animais ditos irracionais – podem entender-se. A comunicação, portanto, não dependeria das *palavras*, e sim dos *sentimentos* que estão (ou não) por trás da mera expressão vocabular.

Do contrário não teríamos tantas evidências concretas e bem documentadas de comunicação entre seres humanos e animais, ou plantas, bem como entre os próprios animais e plantas entre si.

São hoje de conhecimento geral as reações das plantas ao afeto, aos bons modos, à conversa macia, às emoções das pessoas que as amam e respeitam. Isso ocorre também com os animais e, claro, com as pessoas. Não é necessário que alguém nos fale para que possamos sentir sua hostilidade ou as vibrações de simpatia e afeto com as quais nos envolva. Às vezes percebemos o sentimento de agressividade até atrás de sorrisos bem fingidos e palavras ditas com artificiosa convicção, mas falsas.

É portanto nesse nível atávico, pelo canal por onde circulam as emoções – que podem ou não chegar ao ponto em que se expressam –, que nos entendemos uns com os outros, todos os seres vivos, ainda que com as limitações próprias a cada um. A plantinha, por exemplo, não pode responder-nos senão tornando-se mais vigorosa, produzindo melhores frutos ou flores mais belas. O cãozinho já consegue latir de alegria, balançar o rabinho, virar-se de barriga para cima ou, ao inverso, correr amuado para um canto, quando injustamente escorraçado.

Quando escrevi um livro acerca da mediunidade, um amigo espiritual me informou que somos dotados de um sistema psíquico de circulação, ao qual ele chamou de canal *condutor*, e de um outro sistema, de exteriorização, ao qual deu o nome de canal *expressor*. Pelo primeiro, circula o pensamento puro, inarticulado, ainda não codificado em palavras; apenas para uso interno. A tradução desse pensamento em palavras só ocorre no sistema expressor para que, daí, se transmita, ou melhor, se comunique. (Comunicar é tornar comum.)

Conclusão semelhante encontro no eminente cientista Lyall Watson, que, em *Supernature*, escreve o seguinte:

> Em termos fisiológicos, a distância que nos separa de outros animais não é muito ampla e, a despeito do fato de que dispomos agora de uma elaborada linguagem vocal e outros sofisticados sistemas de comunicação, nossos corpos continuam a mostrar sinais externos de nossos sentimentos íntimos.

Eu não diria, contudo, que os sinais desse entendimento aparecem como expressão corporal, segundo propõe Watson, e sim por um mecanismo mais sutil, que os pacientes da dra. Wambach chamam frequentemente de telepático.

Esta palavra, a despeito de suas conotações usuais, presta-se bem ao caso. *Pathos* é um termo grego que significa, primariamente, moléstia, doença, mal; mas, também, paixão, inimizade, afeição. Ou seja, é um termo para descrever certos tipos de *sensações* (estar doente), ou *emoções* (paixão, afeto, aversão). Por conseguinte, *telepatia* vem a ser um mecanismo de transmissão à distância de emoções que, obviamente, não precisam ser traduzidas em palavras, como acertadamente imagina Watson.

Aliás esse mesmo Watson, de quem sou leitor assíduo e admirador, registra, em outro livro de sua autoria, *The Romeo error*, posterior a *Supernature*, observações mais explícitas acerca do processo de comunicação entre os seres vivos. Comenta ele experiências de Clive Bakster, que acredita na existência de uma "consciência primária em todas as coisas vivas", a qual Watson, por seu turno, caracteriza, com notável elegância, como "linguagem universal da vida".[2]

Retomando experiências de Bakster, Watson chegou a incríveis resultados. Vejamos, por exemplo, a que ele fez com uma jovem de nome Tanya.

Submetida à hipnose, Tanya foi convidada a escolher, sem revelar a ninguém, um número de 1 a 10. Em seguida *outro experimentador* começou a perguntar-lhe sucessivamente: "É o número 1?" "Não", dizia ela. "É o 2?" "Não." E assim por diante, ela negou todos, de 1 a 10. Uma planta, contudo, incluída na experiência e ligada ao detector de mentiras, 'entregou' Tanya, revelando que o número por ela escolhido fora o 5. Como é que a plantinha descobriu isso, a não ser por um mecanismo de comunicação direta, usando a "linguagem universal da vida"?

Outra experiência original de Bakster, repetida e aperfeiçoada por Watson, oferece conclusões ainda mais intrigantes. Bakster pegou dezoito ovos e os colocou numa espécie de mesinha giratória. De vez em quando, por meio de um dispositivo inteiramente aleatório, um dos ovos soltava-se e descia, por uma canaleta, até uma vasilha de água fervente. Bakster notou que o ovo ligado ao detector acusava imediata reação no momento em que o 'companheiro' mergulhava na água fervente, mas nenhuma reação registrava quanto à queda dos demais dezessete ovos, a não ser que houvesse decorrido um espaço mínimo de tempo de quinze minutos. Qual a explicação?

Ao repetir a experiência, Watson notou que o bloqueio não ocorria no ovo receptor, ou seja, aquele que estava ligado ao detector, e sim nos dezessete que permaneciam na mesinha giratória e que interrompiam prontamente a comunicação logo que o 'companheiro' mergulhava na água fervente.

---

[2] Pude explorar melhor esta questão na obra *Alquimia da mente*.

A única explicação possível que ocorre à mente [escreve Watson] é a de que, quando o primeiro ovo cai na água fervente e emite seu sinal de alarme, os outros dezessete ovos, à espera de sua vez, 'desmaiam' todos – e que são necessários quinze minutos para que eles se recuperem.

A propósito disso, Watson lembra a tradição dos Sioux, como também outros índios norte-americanos, que adotam certos rituais que somente agora começam a fazer sentido. Quando se torna necessário preparar um novo 'totem' para a tribo, os mais velhos se reúnem e vão à floresta, a fim de conseguir uma boa árvore que forneça a madeira apropriada, com a qual possam elaborar a figura. Encontrada a árvore, aproximam-se todos, cerimoniosamente, em semicírculo, e 'conversam' com ela, mais ou menos nos seguintes termos:

Olhe aqui, árvore, lamentamos muito, mas você sabe como é importante para nós o nosso 'totem', e o antigo está todo estragado. Precisamos de um novo tronco... e, então, escolhemos você!

Dito isto, sem olhar para trás, todos se retiram apressadamente, aproximam-se da primeira árvore que encontram mais ou menos semelhante àquela e a cortam para fazer dela o desejado 'totem'.

Ao que saiba Watson, ninguém jamais perguntou aos Sioux a razão desse estranho procedimento. Não há dúvida, porém, de que os índios sabem das coisas. Relacionando isto com o comportamento dos ovos da experiência de Bakster, Watson declara-se inclinado a concluir que, talvez, todas as árvores da floresta desmaiem quando a primeira delas ouve sua sentença de morte. Ao que parece, portanto, os índios cortam uma árvore *desmaiada* e, portanto, anestesiada, para não lhe causarem dores desnecessárias, mesmo tendo em vista o nobre fim a que se destina a madeira que ela lhes proporciona.

Claro que o leitor tem direito às suas próprias ideias e explicações. Quanto a mim, fico com Watson, que, por sua vez, está com os índios, que estão com os segredos da natureza!

Mas voltemos, por um momento ainda, à dra. Wambach.

Acho que essa forma de entendimento sem palavras, ou quando as palavras podem até comparecer mas são desnecessárias, é um tipo de comunicação que fica apenas pelos canais condutores do qual meu amigo espiritual falou, sem se converterem em qualquer tipo de código ou símbolo, no sistema expressor. Mesmo que seja apenas, como dissemos há pouco, para uso interno, os demais seres vivos da natureza têm condições de captar o que se passa na intimidade alheia.

Observo, pois, com alegria, que um paciente da dra. Wambach descreve, com rara felicidade e precisão, o curioso mecanismo, ao dizer o seguinte:

> Após o nascimento, sinto a presença de diferentes e esparsas energias e intensidades à minha volta. Com uma percepção muito clara, eu tinha consciência dos sentimentos das demais pessoas. *As coisas eram perfeitamente óbvias, mas não específicas ou explicáveis em sentido intelectual.* (Grifo meu.)

Tudo o que foi dito e mais o que permanece apenas no óbvio 'não intelectual' sugerido pelo paciente da doutora se resume numa conclusão irrecusável: podemos nos comunicar com os bebês – desde que nascem ou até mesmo *antes*. Eles não terão condições para responder-nos da maneira que entendemos o diálogo entre seres humanos, mas suas mentes e seus corações estão abertos ao acesso de sentimentos, emoções, conflitos, alegrias, afeto ou aversão, e a sutilezas que sequer podemos imaginar.

Eu dizia que podemos nos comunicar com nossos bebês, mas deixe-me corrigir logo: *devemos* nos comunicar com eles. Isto é de importância vital, que eu não saberia como enfatizar suficientemente.

Disponho de casos concretos sobre o assunto, experiências pessoais e relatos de pessoas muito chegadas, que me transmitiram em primeira mão, a meu pedido, suas próprias observações.

Um desses casos narrei sumariamente em meu livro *Diálogo com as sombras*. Havíamos trabalhado durante meses com um espírito bem difícil, porque ainda estava extremamente magoada – era uma mulher – com um dos componentes do nosso grupo. Viveram, no século passado, uma paixão algo tumultuada, que deixou sequela que transbordou e, naturalmente, sobreviveu com eles. Ao cabo de longo e carinhoso diálogo, que se desdobrou por alguns meses, conseguimos pacificar o espírito, que começou a preparar-se para renascer; aliás, na família de quem, no passado, fora seu companheiro. Seria, desta vez, filha de uma jovem que naquele tempo tinha sido filha do casal. Isto a colocava, nesta vida, como neta do seu antigo amor.

A criança estava com poucos meses quando tive oportunidade de visitá-los. A jovem mãe me convidou para vê-la, em seu berço, onde ela dormia profundamente. Temeroso de que ela despertasse, pedi à moça que não acendesse a luz, mas ela insistiu, dizendo que a criança não acordaria, pois estava acostumada. De fato a menina continuou adormecida por alguns momentos, enquanto eu a contemplava, emocionado e em silêncio. De repente ela abriu os olhinhos, fitou-me com uma expressão enigmática, sorriu e voltou a adormecer. Foi fácil entender seu mudo 'recado':

"Ah, é você? Já estou aqui, amigo."

Deixe-me contar outro caso.

Encontrava-me, certa vez, em casa de uma família que acabara de tomar uma menina de meses para criar, quando fiquei sozinho com a criança por alguns momentos. Aproximei-me do bercinho – ela estava desperta – e comecei a falar-lhe mansamente, dizendo-lhe que agora ela estava bem. Haviam passado as aflições e dificuldades maiores. Tinha, agora, uma casa e pessoas amorosas para cuidarem dela. Que ficasse em paz e tranquila. E que Deus a abençoasse.

Mesmo acostumado a tais coisas, levei verdadeiro susto ante sua reação inesperada. Ela me olhou profundamente, com lágrimas a lhe escorrerem pelo rosto! Era visível o esforço que fazia para dar expressão às emoções que se agitavam em seu ser. Estava tão desejosa de dizer-me alguma coisa que seu rostinho era uma só ansiedade. Mas ali não havia o menor traço de dor. Só pude entender a linguagem silenciosa das suas lágrimas, mais nada... a não ser somar minhas emoções às dela... Nosso entendimento ficou no nível atávico, sem necessidade de emergir.

Outros casos, por sua natureza específica, vão para o capítulo seguinte.

12. É conversando que nos entendemos

UM MENINO DE 7 PARA 8 anos de idade estava encontrando dificuldades na escola, não com o estudo em si, mas por causa da incontrolável sensação de pânico que o dominava ao entrar na sala de aula. Às vezes, não havia como obrigá-lo a permanecer ali. De outras vezes, ele exigia a presença da irmãzinha enquanto durassem as aulas, o que estava criando dificuldades para ela também. A rotina escolar, desde que ele começava a preparar-se até que retornava à casa, tornou-se um tormento para ele e para a família, que não sabia mais o que fazer.

Em tudo se pensou e quase tudo foi tentado. Estaria ele sob pressão de espíritos desarmonizados? Seria apenas pura e simples aversão à escola? Será que estava precisando de uma atitude mais severa e até de castigos corporais? Ou de algum tratamento psiquiátrico?

Um parente da criança resolveu recorrer aos amigos espirituais, em busca de orientação que ajudasse a família a encontrar uma solução adequada para o problema. Em existência anterior, na França, disseram os orientadores, tinha o menino aproximadamente a mesma idade que contava agora, quando a escola que frequentava pegou fogo e o teto da sala de aula desabou sobre as crianças. Ele estava entre os mortos. Daí o pânico na escola atual, aparentemente inexplicável, mas um claro 'transbordamento' de lembranças guardadas no inconsciente.

Recomendavam os amigos espirituais que os pais tratassem o caso com serenidade e compreensão, sem exercer pressões sobre a criança, como estavam começando a fazer, em desespero de causa. Sugeriam ainda que, à noite, quando o menino fosse dormir e mesmo adormecido, conversassem com ele, garantindo-lhe que o acidente era coisa do passado, hoje superado. Que agora ele estava bem, protegido pelos pais e que nada de mal iria acontecer na escola. Que tivesse confiança em Deus. Deveriam, ainda, falar-lhe do encadeamento das vidas, porque seu espírito tinha condições de entender e aceitar a informação com naturalidade. Finalmente, que não havia sobre ele influência ou pressão espiritual negativa. O problema era dele mesmo, sem nenhum componente obsessivo.

O tratamento deu certo.

Numa família muito ligada à minha, por vínculos estreitos de parentesco e amizade, uma das meninas começou a apresentar características um pouco preocupantes. Logo que conseguiu manipular com razoável eficácia seus sisteminha de comunicação com o mundo que a cercava, mostrou-se portadora de marcante personalidade, porém um tanto nervosa e agitada, destemida e com alguma tendência para a agressividade. O sono era igualmente agitado e parecia povoado de pesadelos. Às vezes, fingia atirar nos outros, com armas invisíveis, como se estivesse envolvida em alguma atividade bélica. Se desejava algum brinquedo da irmãzinha maior – uma doçura de criança –, aproximava-se subrepticiamente e, zás!, apoderava-se do objeto e partia com ele, deixando a outra incapaz de reagir pela força, mas desolada.

A saúde física também não era das melhores. Seu organismo parecia meio descoordenado, pois de vez em quando um dos aparelhos – o digestivo, por exemplo – desregulava-se e parecia não responder adequadamente aos cuidados médicos.

Uma característica igualmente inexplicável veio compor esse quadro enigmático: ela parecia ter problemas com os pés, e os exames clínicos e radiológicos não conseguiam identificá-los. Tão logo começou a falar, queixava-se dos pés, à noite, enquanto dormia, como se doessem ou algo estivesse acontecendo com eles. Outra dificuldade, ainda ligada a esse aspecto, é que não suportava sapatinhos de amarrar. Com alguma dificuldade e reação, acabou aceitando um tipo especial de calçado, que lhe parecia, talvez, mais inofensivo. Quando se tornou necessário substituí-lo porque se tornara imprestável, a luta foi grande, pois ela continuava a não aceitar qualquer tipo de calçado que lhe provocasse a mínima inibição. Queria os pezinhos sempre livres, como se deles dependesse para súbita e vital escapada.

Consultados a respeito, amigos espirituais do casal explicaram que, em sua mais recente existência, na França, a menina fora uma guerrilheira (maquis) devotada, por convicção patriótica, à famosa resistência aos alemães, que invadiram seu país e o submeteram às humilhações da ocupação.

Segundo informação dos amigos invisíveis, a querida priminha morreu de maneira trágica. Seu grupo atravessava à noite um campo minado, quando seu pé ficou preso em uma das raízes, em um buraco no terreno. Ela caiu e gritou pela companheira mais próxima; porém, não podendo soltar-se, morreu estraçalhada por uma explosão. Não fosse ter prendido um dos pés, poderia ter corrido e talvez tivesse se salvado.

Os companheiros espirituais acrescentaram, ainda, que a destruição do corpo físico acarretou repercussões de difícil reparação em seu corpo perispiritual. Para que ela pudesse ser encaminhada à reencarnação, ao cabo de quarenta anos de permanência no mundo espiritual, foi necessário promover um complexo e delicado trabalho de recomposição, suficiente para que o corpo físico não apresentasse deformações e mutilações. Daí suas diversas disfunções, sem causa aparente e que, às vezes, precipitavam 'desarranjos' orgânicos.

Trata-se, obviamente, de espírito dotado de alguns méritos, do contrário não teria merecido tanta ajuda e atenção, mesmo porque foi encaminhada a um jovem casal bem dotado física, intelectual e moralmente. Explicaram, ainda, os amigos espirituais que, neste caso específico, o corpo físico, saudável e desenvolvido sob condições adequadas, exerceria sua influência sobre o corpo espiritual, ajudando-o a consolidar-se de modo satisfatório.

Quanto aos aspectos emocionais do problema, a mãe foi instruída a conversar com a criança, especialmente quando ela estivesse adormecida, transmitindo-lhe uma mensagem de segurança e de paz, procurando convencê-la de que todo aquele terrível incidente estava superado, era apenas uma lembrança. Não havia mais guerras a travar, pelo menos aqui, na pacífica região em que ela estava vivendo sua nova existência de esperanças e alegrias, no seio de uma equilibrada e amorosa família. Deveria também insistir em assegurar-lhe que o pezinho estava perfeitamente bem, normal e sadio.

Se o leitor concorda em ouvir, tenho mais uma historinha que revela a extraordinária maturidade e competência da jovem mãe, pouco mais do que uma adolescente. Por suas implicações e amplitude, contudo, o caso necessita de um capítulo especial, no qual possamos dispor de mais espaço.

Antes disso, há uma experiência minha, pessoal, a narrar.

Nunca fui garoto turbulento e agitado. Pelo contrário, sempre retraído e meio caladão. Certa vez, aí pelos sete ou oito anos, fiz o que então se chamava uma 'arte' inesperada e que poderia ter tido trágicas consequências.

Morávamos à beira da estrada de ferro, pois nasci e me criei não mais que a uns poucos metros dos trilhos. Passava um trem, a certa distância, quando resolvi testar minha força e pontaria, atirando-lhe uma pedra. Acontece que era um trem de passageiros e parece ter se quebrado uma vidraça, mas felizmente o petardo não atingiu ninguém.

O certo, contudo, é que da estação seguinte telefonaram para aquela em que eu vivia e não foi difícil localizar o responsável pelo ato 'terrorista'. Não me lembro se levei alguns cascudos ou palmadas (nossos pais não eram muito dados a punições corporais). Lembro-me, porém, de ter ficado de castigo, sentado à vista de todos no alto de uma pilha de dormentes de madeira, à beira da linha. Além da humilhação, eu não estava entendendo bem a razão de toda aquela celeuma. Afinal de contas eu 'apenas' atirara uma pedra no trem...

Lá pelas tantas, porém, aproximou-se de mim um jovem empregado da estação (subordinado de meu pai) e se pôs a conversar comigo. Chamava-se David, Theobaldo David Silva, e até hoje me lembro (Quase 60 anos depois!) que ele fazia anos no dia 1º de janeiro. Curiosamente, estou escrevendo estas linhas no dia 31 de dezembro. Dentro de algumas horas, o amigo David, que provavelmente não estará mais por aqui, estaria comemorando seu aniversário! Sou-lhe grato, para sempre, pelo que então me disse.

Ele não me trouxera uma palavra de condenação ou mesmo censura, nem desautorizou a enérgica providência punitiva de meu pai. Limitou-se a explicar-me, de modo adulto, que o gesto impensado – não sei que palavras teria usado – poderia ter ferido ou até matado alguém, no trem. Que era preciso ter cuidado com essas coisas. Em suma, apelou para meu senso de dignidade – tão por baixo, ali, no alto da pilha de dormentes – e para meu senso de responsabilidade.

Lembro-me do impacto que me causaram suas observações. Eu realmente não havia pensado nas possíveis consequências da imprudência cometida. E se alguém ficasse cego ou mortalmente ferido por causa de minha 'arte'?

Acho que David percebeu quanto sua conversa foi útil e proveitosa para mim. Embora eu nunca tenha sabido, creio até que ele intercedeu junto a meu pai para que eu fosse logo posto em liberdade...

Nunca mais joguei pedra em ninguém, embora tenha levado algumas pedradas pela vida afora. Mas quem não as leva? Como costumo dizer, nós aprendemos mais com os erros do que com os acertos, e a lição de David ficou para sempre estampada em minha mente. Deus o guarde em sua paz, onde quer que ele hoje se encontre. Creio que foi das primeiras pessoas que, em vez de me repreender, censurar ou criticar, falou-me como adulto, de homem para homem, sem ironias, agressividades ou impertinências. E, acima de tudo, *explicou-me* a situação.

Outras vezes na vida iria me ver em situações semelhantes àquela. Antes de qualquer condenação ou crítica apressada, foi sempre meu desejo que alguém me dissesse, educadamente, onde, quando e porque eu havia falhado. Que me condenassem posteriormente, isso não me afligiria, o que eu queria é entender as causas – imagino que para poder corrigi-las, a fim de evitar o mesmo tipo de equívoco em uma próxima vez. Por isso, nunca achei necessário ser castigado. Uma vez entendida a motivação, já constituía castigo e vexame suficientes para mim saber que errei. A surra, a reprimenda ou a punição, eu as entendia perfeitamente supérfluas e, portanto, desnecessárias.

Já estava este livro em elaboração quando uma amiga me contou episódio semelhante. Em momento de impaciência e irritação, ela se descontrolou e se pôs a repreender o filho pequeno, em voz alta. O menino, muito calmo, falou mais ou menos o seguinte:

– Mamãe, você não precisa fazer isso comigo. Fale com calma. Você sabe muito bem como se sente uma pessoa agredida, porque tenho visto você chorar quando isso acontece.

A moça 'desmontou' na hora. Aprendera importante lição de quem competia *a ela* ensinar. Sorriu, abraçou o menino e lhe disse, agora perfeitamente calma:

– Você tem razão, filho. Você é um garoto muito bacana!

Se é que este capítulo precisa de conclusão, aí vai: converse com seu filho ou sua filha, qualquer que seja sua idade e a dele ou dela. Como dizem por aí: "É conversando que a gente se entende..." E que é mais necessário e urgente, neste mundo desarrumado, do que o entendimento entre as pessoas?

Especificamente para as grávidas, um recado formal: converse com a 'pessoa' que está no seu ventre. Diga-lhe que a ama, que a espera de coração aberto, que conte com você em tudo aquilo que for possível. Acaricie-a mansamente, com as mãos. O magnetismo do amor se transmite facilmente, como energia positiva a escorrer pelos dedos.

13. Experiências e observações de uma jovem mãe

ESTE CAPÍTULO É RESERVADO para um exemplar caso de relacionamento mãe/filho. Desejoso de aproveitar, neste livro, as experiências e observações dessa mãe, pedi-lhe um relato escrito. Achei-o tão bom que resolvi passá-lo ao leitor em sua íntegra, preservando todo o sabor da emoção que foi depositada no texto.

Ei-lo:

"Rafael é um bebê muito calmo e bom. A primeira vez que conversei com ele foi quando descia no elevador do laboratório, onde fui buscar o resultado de meu exame, que confirmava as suspeitas de que estava grávida. Disse-lhe que o amava desde aquele instante e que ele iria ser muito bem-vindo; disse-lhe também que ele deveria ir-se preparando para a vida na Terra, que não é muito boa e não lhe daria muita felicidade, mas que, no que dependesse de mim, ele poderia contar comigo no que precisasse desde esse dia.

"Nunca mais deixamos de conversar. Converso com ele sobre tudo, tentando colocá-lo bem próximo da realidade da Terra. Às vezes eu me acho um tanto pequena, como se fosse um aluno ensinando coisas simples a um professor superinteligente, mas continuo agindo assim, pois ao menos o imenso carinho com que tento lhe explicar as coisas da Terra, sei com certeza, ele guardará em seu coração.

"Tentarei explicar o que escrevi acima, relatando a conversa que tive com ele nas vésperas do Natal, enquanto fazia alguns cartões. Disse-lhe, como se estivesse conversando com um adulto, que estávamos perto do dia em que os homens comemoram o nascimento de nosso Mestre, mas que, infelizmente, muitos deles não se tocam de que estão comemorando isto. Criaram no mundo, disse a Rafael, o Papai Noel, que eu gostaria desde já que ele tomasse consciência de que não existe, apesar de ser ele o mais assediado, lembrado e comemorado com muita comida e bebida, no Natal. Mas também expliquei-lhe que essa 'mentirinha infantil', o Papai Noel, era muito útil aos comerciantes e que muitas famílias viviam todo o resto do ano, praticamente, da renda que Papai Noel fazia com que elas arrecadassem no mês de dezembro.

"E assim tem sido com tudo. Tento conversar com ele todo o tempo, mostrando-lhe que na Terra somos egoístas e não muito honestos nem civilizados, mas, em tudo e em todos, devemos procurar e, com certeza, achamos algo de bom e útil, e que a isto é que devemos dar importância.

"Quando Rafael ainda estava em formação, dentro de mim, procurá-vamos (eu e minha mãe) fazer de seu enxoval tudo o que fosse possível, para não termos muitas despesas, mas, principalmente, pelo carinho que acho que os trabalhos manuais transmitem a quem os ofertamos. Sempre lhe dizia deste meu carinho e procurava fazê-lo participar de meus afazeres.

"No 'culto do lar' sempre lhe foi transmitido muito amor e palavras de boas-vindas. Em duas ocasiões, enquanto orava pensando nele, tive a nítida impressão de tê-lo sentado a meu lado, com a mão sobre meu ombro. Foi um tanto difícil imaginar que aquele ser ainda em formação dentro de mim, meu bebê, era aquele espírito tão adulto!

"Sobre a formação de seu corpinho, conversávamos tudo. Cada semana que iria começar era pesquisada e lida, por nós, com bastante atenção. Acompanhávamos, assim, a formação de cada órgão interno e de cada parte externa desse corpinho que hoje está aconchegado em meus braços. É bastante maravilhoso!

"Alguns fatos se destacaram dos demais por serem curiosos, mas não posso provar nem me certificar de que não foram apenas coincidências.

"Antes de Rafael nascer, eu lhe disse muitas vezes que nós não tínhamos uma casa só nossa e que morávamos com outras pessoas, e os outros não gostariam de ser incomodados com muito choro de bebê, pois eu já tive contato com bebês que choravam o dia todo e à noite também. Dizia-lhe sempre que ele deveria ser um bebê bonzinho e pedia-lhe que não chorasse muito, principalmente à noite.

"E Rafael é um bebê muito, muito bom. Posso mesmo afirmar que ele nunca acordou alguém, até hoje, com seu choro. Ele praticamente não chora, chegando mesmo a impressionar quem convive com ele.

"Outro fato interessante ocorreu quando ele tinha ainda um mês e eu fiquei muito gripada, com a garganta inflamada. Rafael, até então, havia dormido a noite toda em seu berço somente alguns dias; ele dormia, e até hoje dorme, comigo. Quando eu o colocava em seu berço, ele reclamava, e a reclamação acabava quando ele estava a meu lado, na cama. Até mesmo dormindo, e até hoje, ele sabe quando eu o coloco em seu berço. Mas eu não queria que Rafael se resfriasse também por ser muito novinho, e então expliquei-lhe que iria colocá-lo em seu berço, mas ele deveria dormir lá a noite inteira, pois eu estava com febre e não queria transmitir a ele a inflamação que a causava.

"Ele dormiu a noite toda em seu berço, e outras duas noites também; até que melhorei e pude dormir com ele novamente. Mas, especialmente durante a primeira noite, ele não reclamou sequer uma única vez.

"Outro fato deu-se dias depois deste, e ele ainda não tinha dois meses. Foi a primeira vez que minha mãe deixou-me sozinha com ele, e confesso que eu chegava a ficar confusa com todas as tarefas a realizar. Foi assim que, num desses dias, eu tinha muita roupa para passar e Rafael estava um pouco enjoadinho, querendo ficar no colo o tempo todo, e com dificuldade para dormir. Pedi, então, a ele que dormisse durante algumas horas, somente para que eu pudesse passar suas roupinhas. Disse-lhe, também, que estava muito cansada e gostaria de acabar logo de passar as roupas para poder tomar um banho e dormir. Era de tarde e eu lhe pedi que dormisse até as 18 horas. Ele não só dormiu até a hora combinada como esperou, acordado e quietinho, que eu terminasse tudo e tomasse meu banho para podermos deitar.

"Outro fato interessante ocorreu no dia 24 de dezembro, em casa de meus sogros. Minha sogra pediu-me que a ajudasse, fazendo os embrulhos dos presentes de Natal. Os presentes eram muitos e o tempo pouco. Tinha somente um resto de manhã e a tarde. Coloquei, então, o Rafael na cama de minha sogra e peguei todos os presentes que tinha a embrulhar. Mostrei-os a Rafael e disse-lhe o quanto era importante que todos aqueles brinquedos e presentes estivessem embrulhados até o fim da tarde. Pedi a ele que me ajudasse, não precisando muito de mim, até que eu terminasse. Deitado ali na cama, Rafael ficou acordado, quietinho, e chegou até a dormir, o que não ocorre normalmente sem que esteja no meu colo. Dormiu bastante, mesmo com o barulho dos papeis de embrulho. Quando acordou, ficou calmo e quieto até que eu terminasse tudo.

"Esses são os fatos mais interessantes que registrei. Quando me lembro deles, fica no ar a dúvida: seriam mesmo coincidências, ou Rafael me entende de verdade?

"Hoje sinto que não tenho também certeza em afirmar. Sinto que a cada dia que passa mais e mais Rafael torna-se criança. Parece que os dias vão se passando e, lentamente, a capacidade que ele tinha de me entender completamente vai, aos pouquinhos, diminuindo.

"Rafael completou três meses no dia 22 de janeiro.

"Janeiro de 1986.

"Alda."

Este notável depoimento possui o mágico toque da ternura, do amor, em sua mais pura manifestação. Mas não é só isso – e nada mais precisaria –, vejo nele a expressão de um sentimento de respeito, quase reverente, da mãe pelo filho, desde que lhe dá as boas-vindas e lhe assegura todo seu apoio e dedicação, no momento mesmo em que se confirmou, para ela, o processo da gestação. Vejo o testemunho da autêntica humildade, na singela confissão de que ela se sente "um tanto pequena", tentando explicar a um experimentado ser "as coisas da Terra". Parece entender que ele sabe de tudo isso e que a explicação é apenas um veículo a mais para o carinho que lhe dedica, como o foram também as roupinhas que lhe fez.

Igualmente digna de destaque é a sensação de presença do espírito reencarnante, amadurecido e adulto, junto dela, com a mão sobre seu ombro, no momento sagrado da prece, enquanto o corpo destinado a ele está sendo gerado nela.

Outra importante lição que Alda nos oferece é a de que "a cada dia que passa mais e mais Rafael torna-se criança" e parece ir perdendo, gradativamente, a capacidade de entendê-la.

Essa é, de fato, uma realidade indubitável que é preciso comentar, o que não me ocorreria fazer se Alda não tivesse chamado minha atenção para esse aspecto.

Vejamos isso mais de perto.

Conjugando as experiências da dra. Wambach com os ensinamentos que os instrutores da Codificação transmitiram a Allan Kardec (Ver, a propósito, o capítulo VII – "Retorno à Vida Corporal", de O livro dos espíritos), podemos elaborar o seguinte quadro geral:

1) O processo da encarnação acarreta ao espírito uma perturbação "muito maior e sobretudo muito mais longa" do que o da morte. "Na morte" – como consta da questão número 339 – "o espírito sai da escravidão; no nascimento entra nela." Fica ele na situação de um "viajante que embarca para uma travessia perigosa e não sabe se vai encontrar a morte nas vagas que afronta", de vez que "as provas da existência o retardarão ou farão avançar, segundo as tiver bem ou mal suportado".

2) Como o ser humano tem uma longa infância, ele vive os primeiros tempos da encarnação mais ligado ao corpo do que propriamente encarnado.

3) O espírito não se identifica com a matéria como se assumisse propriedades desta. A matéria é apenas um envoltório de que ele necessita para atuar no mundo. Ao unir-se ao corpo, ele "conserva os atributos de sua natureza espiritual".

4) O espírito que anima o corpo de uma criança pode ser tão desenvolvido quanto o de um adulto, ou ainda mais, caso seja mais evoluído,

"pois são apenas os órgãos imperfeitos que o impedem de se manifestar. Age de acordo com o instrumento de que se serve".

5) A infância é caracterizada pelos instrutores como "um tempo de repouso para o espírito".

6) "Encarnando-se com o fim de aperfeiçoar-se, o espírito é mais acessível, durante esse tempo, às impressões que recebe e que podem ajudar seu adiantamento, para o qual deve contribuir os que estão encarregados da sua educação. (...) É, então, que se pode reformar seu caráter e reprimir suas más tendências. Esse é o dever que Deus confiou aos pais, missão sagrada pela qual terão de responder."

Há, portanto, um período em que, mais ligado ao corpo do que propriamente encarnado, o espírito conserva-se em estado de relativa liberdade. Enquanto durar essa condição, ele tem conhecimento das coisas que se passam à sua volta e do que dizem e até pensam as pessoas que o cercam. À medida que seu corpo físico se desenvolve, porém, e coloca à sua disposição os órgãos necessários à vida na carne, sua integração ao meio ambiente e à expressão de seu pensamento, ele vai se deixando como que aprisionar pelas limitações de seu instrumento físico, de onde lhe competirá exercer sua função coordenadora, na complexa arte de viver na Terra. Começa, portanto, a perder o uso pleno de suas faculdades de espírito em estado de liberdade. Daí em diante ele reage e participa da vida como ser encarnado, dentro do exíguo espaço mental proporcionado pelas contingências físicas. Já não percebe mais pensamentos e emoções alheios, entendendo apenas o que lhe é transmitido através da linguagem que está aprendendo. Em compensação, começará a expressar, mesmo com seu limitado vocabulário, suas emoções e reações.

A partir dessa fase, somente quando dorme seu espírito gozará de certa liberdade, proporcionada pelo desprendimento parcial provocado pelo sono comum. É o momento em que lhe podemos falar diretamente ao espírito, como nos recomendam, às vezes, os orientadores espirituais, conforme vimos em alguns casos específicos.

É correta, pois, a impressão de Alda de que, à medida que o tempo passa, "mais e mais Rafael torna-se criança" e vai perdendo a capacidade de entendê-la através dos canais que Lyall Watson caracteriza elegantemente como "linguagem universal da vida", dado que começa a expressar-se na linguagem local falada pelo povo no seio do qual veio renascer.

Por isso disseram os instrutores, com precisão e sóbria economia de palavras, que "na morte o espírito sai da escravidão; no nascimento entra nela". Por isso os pacientes da dra. Wambach acham ótimo morrer, e carregado de tensões o ato de nascer. Uma vez dentro de sua gaiolinha, fecha-se o alçapão e o espírito acaba até esquecido da amplidão do espaço em que se movimenta antes de renascer.

Morrer é 'voltar para casa', para a dimensão da qual a gente veio, ao renascer. Atenção, porém, muita atenção! A morte liberta quando ocorre no tempo certo, à pessoa que cumpriu com dignidade a sua tarefa na Terra, que procurou viver em sintonia com as leis divinas. O rebelde, o violento, o suicida não se libertam, apenas trocam de prisão. Até que se corrijam. É a lei...

14. Só esquecemos aquilo que sabemos

O LEITOR NÃO FAMILIARIZADO com a realidade do renascimento (reencarnação) poderá pensar logo: "Ué, mas se eu também já vivi outras vidas, por que não me lembro delas?"

A pergunta é legítima e merece resposta. De fato, nós habitualmente *não nos lembramos* de ter vivido antes, o que não é o mesmo que dizer que *não tivemos* outras existências. Você pode esquecer certo presente ganho em seu aniversário há cinco ou seis anos e no entanto o presente, se for durável, continua por aí, provavelmente em alguma gaveta ou armário.

É bom que esqueçamos mesmo, a fim de aproveitar a oportunidade de dar início a uma existência como se estivéssemos abrindo um novo caderno de muitas folhas em branco, no qual você irá escrever sua história. É bom ignorar que você teve graves problemas, no passado, com a pessoa que hoje é sua mãe, seu irmão ou aquela irmã mais difícil. Ou que você tenha enganado vilmente a linda menina que agora é sua filha, ou ficado com a herança que, de direito, pertencia àquele genro que você não queria que se casasse com sua filha.

É que as famílias são, quase sempre, arranjos combinados no mundo invisível entre as diversas personagens de um drama ou de uma tragédia antiga, para que acertem suas diferenças pelo relógio cósmico do amor ao próximo, a fim de que todos sejam felizes um dia. Nascem ao nosso lado, ou nascemos nós junto de adversários, vítimas ou desafetos de outrora, aos quais prejudicamos gravemente ou que nos tenham criado também dificuldades e sofrimentos, perfeitamente evitáveis, se todos tivéssemos agido de maneira correta. Nascem, também, é claro, conforme nossos méritos, pessoas maravilhosas, a quem amamos profundamente e respeitamos, mas isto é quase exceção, não a norma, pois não disse o Cristo que primeiro tínhamos de nos conciliar com o adversário? E que não sairíamos de lá, ou seja, do sofrimento, enquanto não houvéssemos resgatado o último centavo da dívida perante as leis do amor? E que aquele que erra é escravo do erro? Lembram-se, ainda, da sua breve e amorosa advertência? Aquela que diz: "Vai e não peques mais, para que não te aconteça coisa pior." Pois é isso!

Então a família é o campo de provas, onde encontramos amigos e desafetos. Os primeiros nos trazem o gostoso refrigério de sua afeição, num relacionamento agradável e construtivo. É facílimo amá-los. Os outros, não. São pessoas difíceis, que inconscientemente guardam de nós rancores ainda não superados, ou mágoas que não conseguiram vencer. É muito mais difícil amá-los, convertendo sua atitude negativa por nós em um relacionamento afetivo, desarmado e genuíno. Mais uma vez, nos lembramos do Cristo, que tudo sabia, previa e aconselhava:

"(...) Amai vossos inimigos", diz ele, em Lucas 6,27, "fazei o bem àqueles que vos odeiam, bendizei aos que vos maldizem, rogai pelos que vos maltratam."

E mais adiante, em 6,32:

"Se amais aos que vos amam, que mérito tereis? Pois também os pecadores amam àqueles que os amam."

Essa filosofia, aparentemente tão estranha, tem profundas motivações. Com aqueles a quem amamos, não há problemas a resolver. Já são nossos amigos, basta cultivá-los com carinho e respeito. Com aqueles que nos detestam, ao contrário, temos questões pendentes, ainda que, conscientemente, as ignoremos. Por uma razão oculta, estamos juntos para que aprendamos a nos amar fraternalmente. E nisso lembramos, de novo, o Cristo, que nos disse outras palavras da maior importância: "Reconcilia-te com teu adversário *enquanto estás a caminho com ele*."

É certíssimo isso. Ele foi posto em nosso caminho precisamente para que nos reconciliássemos, convertendo adversário em amigo. É mais fácil realizar essa tarefa quando ignoramos as verdadeiras causas das divergências. Por outro lado, o difícil trabalho da conciliação tem mérito maior precisamente quando o realizamos por espontâneo esforço pessoal em conquistar a confiança e o amor fraterno daquele que nos desama, em vez de fazê-lo somente porque é nossa obrigação oferecer ao antigo inimigo a reparação que lhe é devida. Ademais, você não estará fazendo aquilo por um estranho ou desconhecido, mas por um filho seu, por seu pai, ou sua mãe, por um irmão, por alguém da família, enfim.

Também é bom esquecermos, porque, quando é muito grande o peso das culpas, o remorso ameaça esmagar-nos e paralisar a ação reparadora. Você pode até pensar que seria melhor conhecer logo tudo de uma vez, mas não é bem assim. O esquecimento nos protege de certas angústias e evitáveis vexames. Isso é tão verdadeiro que não gostamos de pensar, sequer, nas tolices e loucuras praticadas na juventude ou na mocidade depois que conseguimos algum equilíbrio para viver com maior serenidade.

Ainda há pouco eu lhes contava o episódio da pedra que atirei no trem, quando estava com sete para oito anos. Sabem de uma coisa? Hesitei bastante até decidir botar aquilo, preto no branco, no papel. Não foi nada fácil, mas acabei vencendo as resistências íntimas, porque achei que o episódio continha uma lição útil para um ou outro que o lesse, tanto quanto foi útil para mim. Foi naquele ponto da vida que tive a exata noção da responsabilidade pessoal por tudo quanto fazemos. Mas, cá entre nós: eu teria preferido deixar o caso da pedra arquivado em alguma gaveta secreta da memória. Ou melhor, nunca tê-lo vivido. Já imaginou se em vez de jogar uma pedra você tiver degolado ou envenenado a sangue-frio a menina que hoje é sua filha predileta? E que, aliás, nem liga para você, porque ainda guarda certas desconfianças a seu respeito? (Leia, a propósito, a história verídica "O Triste Balido da Ovelha Desgarrada", em meu livro *O exilado*.)

Bem, aí estão algumas das principais razões pelas quais nos esquecemos das vidas anteriores, a fim de podermos começar outra, como se nada tivesse acontecido. Ocorre, porém, que antigas lembranças e vivências às vezes transbordam de uma vida para outra, como temos visto em algumas das breves histórias narradas neste livro.

Nem sempre tais lembranças são nítidas e explícitas. Surgem sob misteriosos disfarces, como por exemplo quando você experimenta curiosa e inexplicável atração ou repulsão por uma pessoa à qual você acaba de ser apresentado. Há pessoas de quem gostamos à primeira vista, em quem confiamos e junto de quem nos sentimos perfeitamente à vontade, ao passo que outras, que podem fazer tudo para nos agradar, não conseguimos aceitar senão com muita relutância.

Gosto de ilustrar tais situações com pequenas histórias – todas absolutamente autênticas, sem traço algum de fantasia. Esta até já contei alhures, em outro escrito.

Foi o caso de uma senhora educada, inteligente e equilibrada que me ligou para conversar sobre alguns aspectos de seus problemas pessoais. O que ela pretendia mesmo é que eu pudesse realizar com ela (ou indicar quem o fizesse) um trabalho de regressão de memória, para que ela pudesse identificar as razões que a levavam a tamanha aversão por sua própria mãe.

Dizia-me que a pobre senhora era carinhosa, dedicada e muito amiga, procurando cercá-la de gentilezas e agrados, mas que, com vergonha, ela me confessava não conseguir vencer certa reserva e até mesmo repugnância. Evitava comer guloseimas que a mãe lhe trazia e chegava ao ponto de ir lavar as mãos depois que ela se retirava. Evidentemente que essa insuperável rejeição era uma atitude que muito a incomodava. Afinal, a senhora era sua mãe e tudo fazia para ser simpática e agradável. E, ao que depreendi, jamais desconfiara da repulsão da filha por ela.

Esse era o problema. Talvez, pensava ela, a regressão de memória desvendasse o enigma e a ajudasse a libertar-se da penosíssima situação, senão passando a amar a mãe, pelo menos vencendo racionalmente a postura de aversão e desconfiança.

Cabia-me, agora, expor-lhe o que pensava.

Disse-lhe que não aconselhava a regressão de memória, mesmo que me fosse possível fazê-la, o que não estava em minhas cogitações, dado que meus estudos acerca do assunto se destinaram apenas a coligir o material de que me utilizei no livro *A memória e o tempo*.

Não era aconselhável o procedimento porque ela poderia se deparar com um episódio extremamente doloroso e traumático, que agravaria ainda mais a situação, em vez de minorar suas aflições. Por outro lado, eu não achava necessário fazê-lo. A razão era simples e lógica: não era difícil depreender que o problema com a mãe resultava de grave erro cometido pela senhora, em alguma existência anterior, contra a que hoje era sua filha. Não tinha eu a menor ideia do que pudesse ter sido, mas imaginava até a possibilidade de um envenenamento, quem sabe se por alimentos previamente 'preparados', e daí a aversão da moça pelas guloseimas que a mãe lhe preparava. O que parecia claro é que a moça deveria ter sofrido nas mãos da outra, ou, provavelmente, teria mesmo sido assassinada por ela.

Acontece, porém, que tudo isto era, hoje, passado superado. Ficaram desconfianças, temores e reservas, mas como fiz com que ela percebesse, a mãe estava fazendo grande esforço para se recompor, para recompensá-la, para redimir-se dos erros cometidos contra ela. No meu entender, ela deveria esforçar-se, de sua parte, em aceitar a mãe, que evidentemente não era mais a pessoa que fora.

A moça ouviu atentamente toda essa explanação, pareceu meditar por breve instante e pude sentir que alguma coisa se desarmava dentro dela. Respirou fundo, como que aliviada, e me agradeceu, disposta a reconsiderar tudo aquilo para uma nova organização de seus sentimentos em relação à mãe. Era tudo quanto eu pedia a Deus, por ambas. Disse-lhe que, caso houvesse necessidade, voltasse a me procurar. Como isto não ocorreu, sinto-me autorizado a concluir que pelo menos as tensões mais graves entre mãe e filha foram atenuadas.

Nesse caso, portanto, as matrizes emocionais de duas vidas não se revelaram em toda sua extensão e profundidade, mas o conflito anterior parecia bem caracterizado e não muito difícil de ser depreendido das circunstâncias que o envolviam.

Há casos, contudo, de crianças ou adultos que se lembram com incrível nitidez de episódios marcantes de existências anteriores ou até mesmo de vidas inteiras, com identificação, na existência atual, de pessoas que, em outros tempos, desempenharam papéis de vilão, de amigo ou de parentes. Aliás é bom reiterar: não é por acaso que as pessoas se unem.

Não fosse ser indiscreto com meus familiares, poderia escrever uma novelinha de muitos capítulos narrando as diversas histórias que, juntos, vivemos no passado, em diferentes existências e contextos.

Esses aspectos, contudo, são de extrema delicadeza e tocam pontos muito sensíveis da maioria das pessoas. Amigos espirituais me disseram, certa vez, que fui preparado para conhecer alguns (aliás, muitos) episódios de minhas existências passadas, em razão da tarefa que me caberia desempenhar aqui, na carne. Não sei, contudo, se aqueles que me cercam e a mim se ligam por laços de afeição, parentesco ou profissionais teriam sido igualmente preparados para absorver certos impactos suscetíveis de criar conflitos íntimos.

Observamos que nas experiências de regressões promovidas tanto pela dra. Wambach quanto pela não menos competente dra. Edith Fiore há sempre o cuidado em testar previamente o paciente, para verificar se ele ou ela está em condições de tomar conhecimento de eventos traumáticos ocorridos no passado e potencialmente explosivos, se suscitados no presente. Às vezes é preciso adiar ou até mesmo abandonar a pesquisa, a fim de que não aconteça ficar a pessoa ainda mais perturbada do que está.

Isso me faz lembrar um homem que desejava livrar-se de inexplicável claustrofobia e que se sentiu profundamente decepcionado consigo mesmo ao descobrir que em antiga existência havia sido pirata, daqueles que assaltavam navios carregados de riquezas, em alto-mar, e depois iam esconder os tesouros numa ilha secreta. A intenção deles era a de se 'aposentarem' um dia de suas atividades criminosas, para então poderem levar vida mansa e respeitável.

Numa das excursões feitas à ilha para esconder o produto dos mais recentes assaltos, um túnel cavado na terra desabou e ele morreu soterrado, a poucos passos da inútil riqueza.

Nesse, também, a lembrança ficara no inconsciente, mas não se apagara e consistentemente enviava seu recado, claro e firme, por intermédio da desagradável e inexplicável sensação de claustrofobia.

Reiteramos, contudo, que em algumas pessoas, especialmente crianças, tais recordações são de impressionante realismo. É bom que você, mamãe ou papai, saiba como considerar problemas desses com seus filhos.

É o que poderemos ver a seguir.

15. Pessoas que se lembram do esquecido

DOS SEISCENTOS CASOS pesquisados e catalogados, até então, o dr. Ian Stevenson (*Twenty cases suggestive of reincarnation*) publicou, em 1966, apenas vinte, de crianças que espontaneamente se lembravam de existências anteriores, com maior ou menor riqueza de detalhes, mas o suficiente para produzir evidências satisfatórias, escrupulosamente conferidas pelo eminente cientista.

O dr. Stevenson, com o qual tive a honra de manter alguma correspondência epistolar, é personalidade destacada nos meios científicos internacionais, exercendo o prestigioso cargo de diretor do Departamento de Psiquiatria da Universidade de Virgínia, nos Estados Unidos. É certo que enfrentou resistências e hostilidades ao apresentar-se, corajosamente, como cientista moderno, competente e de elevado *status*, disposto a aceitar a validade da doutrina das vidas sucessivas. Foi um pioneiro. Sem dúvida, influiu para que, hoje, decorridos cerca de trinta anos do lançamento de seu importante estudo, a realidade da reencarnação comece a ser discutida, pesquisada e, finalmente, aceita, mesmo porque muitos outros estudos, documentos, relatos e depoimentos pessoais sobre o tema têm sido divulgados, encorajados ou suscitados pela atitude do dr. Stevenson.

Mesmo com as ressalvas e cuidados naturais que um cientista responsável coloca em suas conclusões, o dr. Stevenson inclinava-se francamente, já àquela época, pela doutrina da reencarnação, após havê-la confrontado com as várias alternativas, também dignas de exame. Essa postura ampliou-se e consolidou-se posteriormente, como pôde verificar quem acompanhou o trabalho do ilustre pesquisador.

Vale a pena lembrar que um fator específico contribuiu para que Stevenson começasse a encarar com simpatia o que, para ele, fora, de início, apenas uma hipótese: os casos de crianças que apresentavam marcas de nascença (*birth marks*) devidas a ferimentos recebidos em vida anterior, e, portanto, *em outro corpo físico*.

> No decorrer deste (capítulo) [escreve ele à página 340 de seu livro, de 1966] solicitarei a atenção do leitor para um tipo de evidência (marcas e deformidades congênitas) que também não podemos atribuir à hipótese da percepção extrassensorial e que, em casos aceitáveis, somente poderia ser explicada por alguma influência no organismo físico anterior ao nascimento.

É possível, portanto, que o leitor e a leitora possam, inesperadamente, ter uma criança na família que se lembre de uma ou mais de suas existências anteriores. Tais recordações espontâneas, mais comuns do que parecem, nem sempre são notadas, seja porque as pessoas que convivem com a criança não têm a mínima noção do que se passa, seja porque atribuem os episódios ocorridos e as referências feitas pela criança a fantasias ou à sua superexcitada imaginação.

Seria de admirar-se que no decurso de tantos anos de convívio com a realidade espiritual, alertado para suas demonstrações e evidências, eu não tivesse tido, como tive, oportunidade de testemunhar alguns episódios desses. Vimos, há pouco, casos em que, embora sem se lembrar especificamente das vidas pregressas, as crianças manifestam sintomas e sequelas que são posteriormente identificados com situações vividas no passado. No caso da querida priminha ex-guerrilheira *maquis*, claro, não nos foi possível, pelo menos por enquanto, identificar sua personalidade anterior. O mais certo é que não seja mesmo possível fazê-lo, a não ser por um complexo jogo de 'coincidências'. Não importa.

O caso relatado pelo dr. Jorge Andréa não oferece, igualmente, o componente da lembrança espontânea. Sei, porém, que se desdobra dentro de um esquema previsível, refletindo-se claramente, no menino, traços marcantes e inquestionáveis da personalidade anterior, da qual o garoto é a continuidade. Não sei até que ponto Andréa pretende (deveria ou poderia) dar prosseguimento às suas interessantíssimas observações, mas estou certo de que se for possível a divulgação dos fatos, sem prejuízo à personalidade da criança, teremos um depoimento do maior interesse científico e do melhor conteúdo humano, além de curiosos aspectos históricos.

De um caso que pude observar em primeira mão, ou seja, de um depoimento pessoal colocado à minha disposição por uma pessoa adulta, tenho me utilizado de amplo e rico material de estudo nesse sentido.

Trata-se de uma mulher que durante toda sua existência, desde os primeiros anos da infância, conviveu com uma fantástica multiplicidade de fenômenos desse tipo, que a levaram a reconstituir, pelo menos em seus episódios mais marcantes, não apenas uma, mas várias existências. Além disso, foi-lhe possível observar o sutil mecanismo sequencial que leva umas existências a se encaixarem – com precisão, diríamos, milimétrica – nas outras, segundo um planejamento coerente, inteligente e claramente finalista, ou seja, voltado para objetivos inferíveis.

Alguns dos aspectos do material que a senhora colocou à minha disposição foram utilizados em dois de meus livros anteriores (*O espiritismo e os problemas humanos* e *O exilado*) e seria desnecessário repeti-los aqui, ainda que sob diferentes angulações e abordagens. Apenas para exemplificar, desejo me referir a um desses 'encaixes' sequenciais evidenciados no material que tão abundantemente aflorava à sua percepção.

Em uma de suas existências pregressas, elevada a destacada posição de mando e poder, permitiu ou determinou que algumas pessoas fossem sacrificadas, por motivos políticos. Três ou quatro vidas após, uma incurável doença genética promoveria o inevitável 'acerto de contas' com as leis divinas. Como em outros tempos, o sacrifício humano foi sangrento: onde, senão no seu próprio sangue, se instalaria a marca do equívoco? Foi o que lhe aconteceu. A certa altura da vida – uma existência nada fácil, em termos de privações, angústias, renúncias, humilhações e não poucas conquistas, a despeito de tanta adversidade – a moça descobriu que estava sofrendo de anemia falciforme. Nenhuma outra doença teria sido mais precisa para ensinar a uma pessoa a importância que tem o sangue para o ser humano. A vida da pessoa portadora desse tipo de anemia é uma constante luta contra a insuficiência do sangue para distribuir, pelo corpo físico, as necessárias cotas de oxigênio, devido à precariedade e escassez de um elemento vital ao processo – as hemácias!

Em outro caso de memória espontânea de existências anteriores, um senhor, que identificamos como André, viu-se inesperadamente envolvido. Fora apresentado a uma simpática e gentil senhora que estava em companhia de uma netinha de sete anos incompletos, à qual chamaremos de Renata. Facilmente atraído por crianças, André dirigiu à nova amiguinha algumas palavras de carinho e abaixou-se à sua altura para dar-lhe um beijo na face.

Era escasso, naquele momento, o tempo para uma conversa, pois ele tinha compromisso daí a alguns minutos. Após afetuosa despedida, cada um partiu para seu lado. Poucos dias depois começaram a chegar a André notícias da nova amiguinha, que como logo se soube era amiga, sim, mas nada recente, pelo contrário, era um afeto da maior pureza, de muitos e muitos séculos. O encontro, ou, por outra, o reencontro, causou a Renata (e a ele, naturalmente) considerável impacto emocional e parece ter destravado no psiquismo dela seu videoteipe pessoal de lembranças. Sem saber como nem porquê, ela começou a falar de aspectos da vivência dele, dos quais não poderia, sob circunstâncias normais, ter o mínimo conhecimento consciente. Ela não especulava ou imaginava coisas fantásticas – ela simplesmente *sabia* de fatos e situações com impressionante precisão. Além do mais, parecia conhecer, com a mesma segurança e convicção, traços da personalidade e psicológicos de seu amigo.

Essa criança, que na presente vida não tem vínculo algum de parentesco com André, comenta com naturalidade e espontaneidade situações de sua vida anterior. Vivendo agora em lar equilibrado, com pais amorosos e de tranquila situação financeira, ela fala de uma existência anterior de privações e desconfortos, durante a qual não tinha roupas adequadas, nem uma casa razoável para morar. Lembra-se de que a 'outra mãe' não podia, sequer, fazer-lhe um modesto bolo de aniversário. Não parece, contudo, guardar mágoas de tais provações e privações. E, paradoxalmente, nenhum grande entusiasmo demonstra pela vida atual. É uma das que teriam preferido ficar onde estavam antes de nascer.

– Eu não queria nascer – disse certa vez à mãe.

– Ué, mas por quê?

– Ah, porque não. Eu não queria voltar e começar tudo outra vez, não.

– Mas você está bem contente; acorda todo dia feliz e sorrindo...

– Ué! Agora já nasci de novo! Não adianta nada...

Seu nascimento, nesta existência, aliás, envolveu complicações que chegaram a por em risco sua vida e, obviamente, a da mãe dela. O fato de terem conseguido superar tantas dificuldades é, em si mesmo, o que mais próximo estaria de ser um milagre, se esta palavra não estivesse tão desgastada.

A primeira alusão de Renata a uma vida anterior – espontânea, como as demais – ocorreu entre os três e quatro anos. Dizia chamar-se Shi-Ni-Nin e ser chinesa ou japonesa (ela confunde um pouco as duas nacionalidades). Lembra-se de ter sido dançarina e ainda é capaz de reproduzir movimentos e expressão corporal de danças orientais. O interesse pela China permanece na existência atual.

Foi, no entanto, a partir do encontro com André que começou a reproduzir, com maior frequência e detalhamento, lembranças suscitadas, usualmente, por pequenos incidentes da vida diária. A mãe não os provoca nem força a criança, limitando-se a ouvir os relatos com o maior interesse e, certamente, com forte carga de emoção. O interesse se traduz em atenção e em perguntas singelas que dão sequência à narrativa.

Vejamos dois exemplos, apenas, para não alongar demais o texto.

1º. Exemplo:

Quando o pai se negou a comprar para ela uma pequena geladeira de brinquedo, dessas que vêm com as miniaturas correspondentes, ela foi queixar-se à mãe, que justificou a recusa com diplomacia:

– Minha filha, seu pai não é rico, não pode comprar tudo o que você quer.

E ela, muito firme, positiva e franca, como de hábito, fez o seguinte 'discurso':

– Não é verdade! Primeiro, eu não quero *tudo*. (O que é verdadeiro, pois ela não é exigente, contenta-se com pouco e tem uma noção muito boa do significado do dinheiro.) E também não é verdade que ele seja tão pobre assim. Meu outro pai, quando precisou consertar o telhado de nossa casa, teve de pedir a um e outro, porque não tinha nada. Esse aqui, não. Comprou este apartamento velho e feio e reformou ele todo sem pedir um tostão a ninguém. Isso é ser pobre? E quando eu peço uma geladeirinha à toa ele diz que não tem dinheiro...

– Então – diz a mamãe –, você não está feliz com seu pai de agora?

– Não – disse ela, após um momento de reflexão. – Estou, sim. Eu gosto do meu pai Zé Carlos, sim.

2º. Exemplo:

Outro episódio de denso conteúdo emocional ocorreu quando a família passava alguns dias na casa de praia, no litoral fluminense. Eram, ao todo, seis pessoas: Renata, a mãe, o irmão, uma tia e duas primas. Renata insistia em entrar no mar, que estava agitado naquela manhã. Ela nada muito bem, mergulha, demora-se na água e não tem o menor receio. A mãe é que fica aflita com sua afoiteza. Ela parece considerar o mar um velho amigo para ser amado e não o poderoso gigante a ser temido.

– Mas, minha filha – reitera a mãe, ante sua insistência –, o mar está muito forte. É perigoso.

– Eu tenho cuidado.

– Mas o mar está agitado demais e você sabe que eu morro de medo. Já imaginou se você se afogar? Que conta vou dar de você a seu pai?

– Ah, é isso? Então pode ficar sossegada. Eu já morri afogada uma vez. Mas agora não vou morrer de novo, não.

Tia e mãe se entreolharam.

– Você já morreu afogada? – pergunta a mãe. – Que história é essa?

Foi o 'disparador' da historinha, que representa um conjunto de fragmentos de mais uma dramática existência, pobre, sofrida e, ao que parece, curta.

Ela vivia com a família – pai, mãe e dois irmãos – em um casebre nas proximidades do mar, mas não na praia propriamente. O pai vivia de biscates, sem trabalho certo. Eventualmente, comiam um pouco de peixe, dado por algum pescador mais caridoso. A mãe pedia esmolas, em companhia de Renata. Se tinha vergonha de pedir? Não. Eram pobres mesmo, ué! Não havia outro jeito... O casebre era coberto de palha. Banho, só no mar (daí, sua familiaridade com ele), mas como não possuíam roupas apropriadas explica, com a mímica adequada, que era preciso enrolar o vestido até o pescoço e entrar na água com a calcinha. Como também não tinham toalhas, devia esperar, depois, que o corpo e a roupa secassem.

Naquele dia trágico, ela tivera uma discussão (que não especifica) com "um velho que morava ao lado". Aborrecida, disse à mãe que iria tomar um banho de mar. Ainda presa, talvez, ao desagradável incidente com o vizinho, não se deu conta de que entrara muito mar adentro. Uma onda mais forte dominou-a e ela afogou-se. A praia estava deserta, àquela hora. Havia apenas um barco à distância, mas não dava para ouvirem-na gritar.

Nessa altura da narrativa, faz-se um silêncio denso de emoções, pois todos ali se sentiram envolvidos na dramática atmosfera que se criara. Ao cabo de alguns instantes, o irmão de Renata lembra-se de perguntar-lhe se ela tinha irmãos. Ela informa que eram dois, um de três anos de idade e outro de dez. Seu nome era Bibi e o irmão mais velho chamava-se Guilherme. Do outro, ela não se lembra do nome. (Teria sido no Brasil? Pouco provável. Guilherme é nome comum a muitas línguas: William, em inglês, Wilhelm, em alemão, Guillaume, em francês, Guglielmo, em italiano, etc.)

Para quebrar novamente o silêncio, a mãe faz mais uma pergunta:

– E seu amigo André? Onde é que ele entra nessa história?

Ainda como que retida nas malhas da memória remota, numa espécie de transe, a expressão do rosto ilumina-se de ternura e ela informa que ele era um homem muito bom que frequentava aquelas paragens. Dava-lhe roupas, brinquedos, doces, calçado, de tudo, enfim. E dava esmola à mãe dela.

Quando lhe perguntaram com que idade morreu, ela, ainda com o olhar distante e vago, escreveu na areia o número 12, desenhando o algarismo 1 ao contrário. Regredida ao tempo em que não passava de uma pobre mendiga analfabeta, parece ter escrito o número com a memória de então, mas com os recursos desta vida, na qual apenas começa a desvendar os mistérios das letras e algarismos. Há muitos exemplos de tais anacronismos.

A importância de seu testemunho não se limita à dramaticidade dos episódios com que ilustra suas convicções, mas alcança mesmo o teor de tais convicções, na firmeza e naturalidade com que considera a morte, acertadamente, como simples mecanismo de renovação da vida.

– Não sei porque esse drama todo – comentou ela, a propósito de uma personagem de filme de tevê, que se mostrava apavorada ante a perspectiva da morte. – Morrer não é nada. Eu já morri muitas vezes. Só que me lembro, é a quarta vez que estou voltando...

Após um dia em que ajudara a mãe mais do que de costume, a fim de suprir, na medida de suas forças, a ausência da faxineira, a mãe, agradecida, beijou-a e disse:

– Mas que filha bonita e boa pra mãe dela que eu tenho. Sabe, às vezes nem acredito que você seja mesmo minha filha. Que eu tenha uma filha assim tão boa.

– Disso você pode ter certeza – comenta ela com segurança. – Sou sua filha, sim. Eu era um espírito. Aí entrei em sua barriga e agora sou sua filha.

Como se pode observar, Renata é um ser amadurecido que traz para a nova existência um conjunto de sólidas convicções, o que se revela na extrema competência em avaliar situações e expressar suas ideias. Mesmo através de sua imaturidade biológica percebe-se a vasta experiência acumulada no passado, em outras vidas. Embora referindo-se apenas a quatro dessas existências, é fácil perceber que estamos ante um ser dotado de impressionante potencial e até mesmo de um tipo de autoridade que a sabedoria confere às pessoas que a possuem. Tivemos disso inesperada demonstração.

Certo espírito rebelde e difícil, do qual vínhamos cuidando em nosso grupo, apresentou-se certa noite como que sem alternativas e sem espaço para insistir com sua obstinada rejeição ao nosso acolhimento amoroso. Ela havia *exigido* dele que fosse falar conosco. O vínculo afetivo que os une, de um passado que ignoramos, mas que está ali, presente, era a única amarra que ainda o prendia à esperança de recuperação, pois muito errara pelos caminhos de muitas vidas...

Observem, a seguir, como esta criança coloca, em seu próprio depoimento, o selo da autenticidade.

Após o relato da vida difícil, em que morreu afogada, a mãe, consternada ante aquele sofrimento todo, pergunta:

— Diga, Renata, por que você se lembra dessas coisas?

— Não sei, mamãe. Eu me lembro. Não sei porquê.

— Mas — insiste a mãe — todo mundo gosta de lembrar as coisas boas que aconteceram com a gente, mas você só se lembra de coisas ruins. Por quê?

— Porque é verdade — diz ela, com desconcertante e lógica simplicidade. — Se fosse mentir, eu não me lembrava.

Quantos ensinamentos têm certas crianças a nos transmitir! Em meu livro *A memória e o tempo* adotei o melhor conceito que encontrei para caracterizar os enigmas da memória:

— A memória — disse uma criança anônima — é aquilo com o que a gente esquece.

E não é mesmo? Pois só podemos esquecer aquilo que, um dia, soubemos, ou, como diz Renata, aquilo que, um dia, foi uma das verdades da vida.

A recordação de episódios sequenciais ou isolados, de uma ou mais vidas, pode ocorrer de várias maneiras: por *flashes* rápidos de vidência, sob a aparência de sonhos, em estados semelhantes ao onírico, ou suscitada por incidentes vários, na vida presente, e que parecem estabelecer confrontos ou simetrias. Acho, porém, que são mais comumente provocadas por encontros com determinadas pessoas que, de uma forma ou de outra, tiveram conosco algum tipo de relacionamento, seja no campo florido do amor ou no tumulto de marcantes desafeições.

A literatura especializada tem casos bem documentados em que as reencarnações foram previamente anunciadas e cumpridas. Dois desses, aliás, ocorridos no Brasil, na família do erudito professor Francisco Waldomiro Lorenz, foram incluídos pelo dr. Ian Stevenson em seu livro citado. Num deles, a pessoa anunciou, ainda em vida, sua futura reencarnação na família Lorenz e cumpriu a palavra, como se pode verificar, com abundância de elementos evidenciais pesquisados pelo eminente psiquiatra americano.

No caso da menina adormecida, que despertou apenas para me saudar com um belo sorriso, não ocorreram, da parte dela, lembranças espontâneas da existência anterior. As pessoas que com ela convivem, contudo, e que a conheceram, ainda na condição de espírito, tiveram oportunidade de identificá-la com precisão, no século passado, na França. Por isso não foi difícil prever que seria uma menina brilhante, hábitos um tanto aristocráticos, inclinações artísticas, possivelmente literárias, delicada sensibilidade e amor à cultura do espírito. É o que está acontecendo com ela.

Não se preocupem, não obstante, os pais de tais crianças, se o caso ocorrer-lhes na família, em identificar de qualquer maneira as personalidades anteriores. É preferível, quase sempre, deixar as coisas como estão. Não é sem razão que nos esquecemos das existências pregressas, como vimos. É bem mais confortável para nós.

Se, porém, situações ou pessoas nos levarem a esta ou àquela identidade passada, conhecida ou desconhecida, famosa ou anônima, não nos deixemos impressionar. O importante é dar apoio e amor à pessoa que veio aninhar-se entre nós, para que possamos todos levar a bom termo nossos respectivos programas de vida, dando continuidade ao processo evolutivo de cada um e de todos. É tudo isso uma fina e misteriosa trama, cujo sentido só iremos perceber mais tarde, mesmo porque você não consegue ver o desenho do tapete, contemplando apenas um de seus fios.

Não se assuste o leitor com revelações ou confirmações. Procure ser natural, ainda que interessado, sem excessiva curiosidade, pois poderá inibir a criança ou nela despertar emoções e tendências que melhor ficariam onde estão, ou seja, abaixo do nível que Myers costumava chamar de subliminar. Em outras palavras, à soleira da consciência, mas sem perturbar o funcionamento desta, uma vez que precisamos dela para os trabalhos desta vida.

Seja como for, consciente ou não de nosso acervo de experiências, depositado na memória integral, tudo isso interage e contribui para que a resultante seja sempre aquela que melhor convenha ao nosso processo evolutivo.

Se a criança começar a falar sobre vidas anteriores, sobre pais e irmãos que teve, a casa em que morava, as roupas que vestia, não se assuste, não a repreenda, não a pressione para dizer mais do que sabe ou quer. Deixe-a falar, ouça-a com atenção e respeito, não ironize, nem a castigue ou repreenda por isso. Ouça, comente, demonstre o quanto você está levando a sério o que ela diz. Mesmo que haja algum bordado fantasioso em sua pequena narrativa, o núcleo deve ser autêntico. As crianças são dotadas de grande pureza e sinceridade, especialmente nos momentos em que assumem atitudes mais graves, como que solenes. Lembre-se de que ali está um espírito em razoável estágio de maturidade, que sabe muito bem do que fala, mesmo que não consiga expressar tudo o que sabe e sente, através de um corpo que ainda não lhe oferece o mínimo de condições de que precisaria para isso. A criança não tem ainda um vocabulário satisfatório, nem seus mecanismo cerebrais podem responder como os de um adulto.

Deixe-a falar, portanto. E ouça carinhosamente o que tem a dizer. É até possível e muito provável que ela transmita informações de grande utilidade ao entendimento de aspectos mais obscuros de sua personalidade, com o que você poderá ajudá-la melhor no encaminhamento que ela pretenda imprimir à sua vida.

Outra coisa importante: crianças nas quais tais fenômenos ocorrem costumam ser dotadas de aguda sensibilidade, precisamente porque, apesar das inibições naturais que o corpo, ainda imaturo, oferece, conseguem expressar muito do que lhes vai nas profundezas do ser. Isso quer dizer que podem, paralelamente, apresentar condições mediúnicas em potencial e para as quais é preciso estarem os pais atentos e bem informados.

Este será nosso próximo tema.

16. Não é trágico ser médium

"MÉDIUM", ESCREVEU ALLAN KARDEC, com sua costumeira precisão de linguagem e economia de palavras, "é a pessoa que pode servir de intermediária entre os espíritos e os homens."

Sejamos igualmente econômicos, mesmo porque não dispomos de espaço para cuidar mais extensamente do assunto, que é trazido para este livro apenas como introdução indispensável ao tema deste capítulo. Ao leitor interessado não faltarão obras especializadas que lhe proporcionarão informações mais amplas, a começar, evidentemente, por *O livro dos médiuns*, do próprio Kardec. Suponho (e espero) que também lerá com proveito meu livro *Diversidade dos carismas*, no qual o assunto é tratado com amplitude.

Não é nada impossível que o leitor venha a ter, em sua família, uma ou mais crianças dotadas de sensibilidade necessária para "servir de intermediária entre os espíritos e os homens", conforme caracterizou Kardec.

A mediunidade é, de fato, um tipo especial de sensibilidade ou percepção voltada para este ou aquele aspecto do mecanismo da comunicação entre nós e os seres invisíveis. Aliás não deve o leitor se esquecer de que as próprias crianças, como vimos ainda há pouco, eram espíritos e, a não ser pelas pessoas dotadas de faculdades especiais, não podiam ser vistos, ouvidos, tocados ou percebidos pelo comum das criaturas enquanto estavam do 'lado de lá' da vida. Eu, por exemplo. Nunca vi um espírito. Costumo dizer que se dependesse de meu testemunho pessoal de vidência ou de audiência, eu não aceitaria nada disso. Felizmente isso não ocorre, pois os fenômenos naturais nada têm a ver com nossas crenças ou descrenças – eles simplesmente são o que são.

Se, então, alguma criança sua, de sua família ou de amigos e conhecidos começar a apresentar indícios ou manifestações de nascentes faculdades mediúnicas, não se assuste, não se aflija, não se espante, nem procure reprimir as manifestações, com o que somente poderia complicar desnecessariamente as coisas. A mediunidade, como dizíamos, é um tipo especial de sensibilidade, percepção ou acuidade para certos aspectos da vida que costumam escapar aos nossos cinco sentidos habituais. A pessoa saudável, serena, equilibrada e razoavelmente instruída acerca de tais fenômenos tem condições para exercê-la de maneira adequada e proveitosa para si e para os outros.

Não receba, pois, os primeiros sinais ou sintomas de suas manifestações em pânico ou com mal disfarçada hostilidade, temor e inquietação. Deixe que a coisa venha naturalmente, sem forçar seu desenvolvimento extemporâneo e sem tentar reprimi-la com aspereza. Observe o que ocorre com a criança, sem assustá-la. Não é desgraça alguma ter filhos ou filhas dotados de faculdades mediúnicas; ao contrário, é uma bênção em potencial, se tudo for encaminhado de maneira correta, dentro de um contexto de equilíbrio e bom senso. Afinal de contas os espíritos são gente, tanto como nós somos espíritos. Por que não poderíamos nos entender e estabelecer um intercâmbio proveitoso, através dos canais mediúnicos que a própria natureza nos proporcionou para essa finalidade?

Assim, se a criança diz estar vendo coisas ou pessoas que você não consegue ver, ou ouve sons e vozes que seus ouvidos não captam, não salte, aflito, à apressada conclusão de que ela está ficando doida. Tenha calma, observe, medite, consulte quem entenda do assunto e não tome atitudes precipitadas e afoitas, como proibições, ameaças, castigos, pressões e gritarias.

Muitas mediunidades fecundas, na verdade a grande maioria, começam com manifestações esporádicas e fragmentárias na infância. É só ler os relatos acerca de alguns médiuns confiáveis. Você encontrará em inúmeros depoimentos referências documentadas da fase inicial da mediunidade, quando nem sempre os fenômenos foram considerados com o necessário equilíbrio e bom senso pelas pessoas que cercavam a criança e que longe estavam de compreender e aceitar serenamente os fatos. De casos outros, em que tais atitudes acarretaram conflitos que se arrastam pela vida afora, nem ficamos sabendo.

Mesmo ignorando, de início, as causas e a natureza dos fenômenos, a família deve estar preparada, pelo menos, para considerá-los com sensatez e sem estardalhaços desnecessários e prejudiciais.

Raramente a criança é compulsiva mentirosa. Se ela diz que está vendo determinada pessoa ou ouvindo palavras que fazem sentido, conceda-lhe, pelo menos, o crédito preliminar de sua atenção, mesmo porque, se for mentirosa, também precisa de atenção e cuidados especiais.

Vejamos um episódio desses, que Divaldo Franco me contou.

Estava ele com cerca de quatro anos – é uma de suas mais remotas recordações da infância – quando viu aproximar-se dele uma senhora que lhe pediu para dar um recado. Assim:

– Diga a Anna que sou Maria Senhorinha – pediu-lhe a pessoa.

O menino não tinha a menor ideia consciente do que fosse um espírito e de que espíritos podem apresentar-se à vidência de determinadas pessoas e falar-lhes. Para ele, ali estava uma senhora como as outras, que lhe pedia para transmitir um recado à mãe dele, Anna.

Divaldo fez o que 'a moça' lhe pedia. O problema é que Maria Senhorinha era mãe de Anna Franco e, portanto, avó de Divaldo. Nem o menino nem sua própria mãe tinham-na conhecido 'em vida', porque ela morrera precisamente do parto de Anna, que fora criada pela irmã mais velha, Edwiges.

Anna Franco tentou dissuadir o menino, dizendo-lhe que Maria Senhorinha fora avó dele e estava morta há muitos anos, e que, portanto, (no seu entender) não poderia estar ali mandando recados para ela. Gente morta não fala com vivos, pensava ela.

Seja como for, Anna Franco ficou impressionada com a convicção do menino a respeito de sua visão, mesmo porque tais fenômenos começavam a ocorrer com certa frequência com ele. Por via das dúvidas, tomou uma decisão heroica: tomou-o pela mão e foi à casa da irmã, que, vitimada por grave distúrbio, vivia, há muito tempo, presa ao leito por uma paralisia.

Na presença da tia, Divaldo foi instruído a reproduzir a história, o que fez da melhor maneira possível, nos precários limites de seu vocabulário de então, repetindo fielmente o recado e descrevendo 'a moça' que o enviara. Era uma mulher magrinha, de olhos verdes e usava um vestido branco, de babados plissados, mangas compridas e gola muito alta. Tinha os cabelos penteados para trás, presos em coque, como se usava antigamente.

Tia Edwiges nem precisou falar muito, pois as lágrimas lhe escorriam pela face abaixo. Bastou uma frase, curta e emocionada:

– Anna, é mamãe!

Era aquele o primeiro testemunho vivo de sua nascente mediunidade. Anna Franco, embora despreparada para a inesperada situação, era dotada de inato bom senso e inteligência, a despeito de sua escassa cultura geral. Não se deixou impressionar, nem se assustou mais do que era de esperar-se ante o insólito. Já o restante da família, especialmente os irmãos – bem mais velhos que Divaldo –, não teve a mesma serena compreensão de Anna. Para eles, aquele menino era um tanto ou quanto desajustado.

Algum tempo depois, Divaldo começou a ter um companheiro inseparável de brincadeiras. Era um menino, aproximadamente de sua idade, e parecia 'crescer' juntamente com ele. Brincavam, passeavam e conversavam o tempo todo. O único problema – se é que era mesmo problema – é que somente Divaldo via e ouvia seu companheiro de folguedos, o que, para ele, não constituía novidade, nem apresentava dificuldades.

Lembra ele, até, um curioso fenômeno, entre muitos. Brincavam, ambos, de puxar por um cordel um velho ferro de engomar abandonado. Cada um com o seu. Com uma diferença, porém, que Divaldo notou: enquanto seu 'carro' deixava um sulco na areia, o do outro menino não deixava sinal algum por onde passava. Perguntado a respeito da anomalia, o 'garoto' deu uma explicação que, à época, pareceu satisfatória a Divaldo e não mais se falou no assunto.

Nas suas conversas com os outros, Divaldo sempre se referia ao seu companheiro invisível, que para ele era uma criança igual às outras.

Não é sempre que tais faculdades, em crianças, têm o desdobramento previsto nesta ou naquela forma de mediunidade. Como as recordações espontâneas de vidas passadas, podem apagar-se aí pelos dez anos de idade. Nem todas as pessoas dotadas de faculdades mediúnicas têm, necessariamente, tarefas específicas nesse campo, ou seja, nem sempre estão programadas para o *exercício* ativo e pleno no intercâmbio regular entre os espíritos e as pessoas encarnadas. Se, porém, estiverem assim comprometidas, precisarão de apoio e compreensão das pessoas que as cercam, para levarem a bom termo seus compromissos, obviamente assumidos no mundo invisível, onde viveram como espíritos, entre uma vida e outra. Se pais, tios, irmãos ou amigos não têm condições e conhecimento suficientes para proporcionar a orientação desejável, que pelo menos procurem compreender e considerar com o melhor senso de solidariedade aqueles membros mais jovens da família nos quais os fenômenos começam a revelar indícios veementes de faculdades inabituais, sim, mas não sobrenaturais ou indicativas de distúrbios mentais e emocionais. Não constitui tragédia alguma ser médium. Ao contrário, é recurso concedido para que a pessoa tenha condições de exercer tão nobre função: de intermediário entre as duas faces da vida, que se dão as mãos por cima das fictícias barreiras da morte. Trágico pode ser, isto sim, a teimosa resistência de tantos, que levam uma vida inteira de desajustes e problemas emocionais e psíquicos porque se recusam a aceitar as coisas como são, ou seja, a exercer as faculdades de que vieram dotados, a fim de, com elas, servirem ao próximo.

Considere tais predisposições como a revelação de um talento, como outro qualquer. Se seu filho ou filha denota inclinação para a música, a literatura, a ciência ou o esporte, você tudo fará para que ele ou ela possa seguir o rumo que o levará à realização de seus sonhos e aspirações. Por que não proceder da mesma maneira quando os indícios apontam a direção da faculdade mediúnica?

Acresce que a mediunidade pode e deve ser exercida sem interferir com nenhuma outra atividade normal, saudável e honesta do ser humano. Não se trata de uma profissionalização, um regime de dedicação exclusiva, em tempo integral. Os melhores médiuns de nosso conhecimento sempre conseguiram conciliar sua participação na sociedade e no exercício profissional com o trabalho regular e disciplinado do intercâmbio espiritual, durante anos a fio, em grupos equilibrados e bem dirigidos.

Um amigo meu, muito querido, dotado de privilegiada inteligência e de respeitável cultura geral, desempenhou, a inteiro contento, suas responsabilidades como funcionário graduado e exemplar de um grande banco, paralelamente com suas excelentes faculdades mediúnicas.

Não agiram de modo diferente médiuns como Chico Xavier, Waldo Vieira, Divaldo Franco, Zilda Gama e Yvonne Pereira, para citar apenas uns poucos, dos mais conhecidos. Chico aposentou-se, após longos anos, de modesta e assídua atividade burocrática num órgão público do estado de Minas Gerais. Waldo Vieira exercia, cumulativamente com sua mediunidade, a profissão de dentista e, posteriormente, a de médico. Divaldo trabalhou, até aposentar-se, como funcionário de uma entidade de previdência social. Zilda Gama foi professora, como, também, ao que eu saiba, Yvonne Pereira. Nenhum deles profissionalizou a mediunidade, nem permitiu que o exercício de suas faculdades interferisse com a atividade normal de seres humanos participantes, dinâmicos, interessados nos problemas habituais da vida.

É certo que, uma vez manifestada em sua família, a mediunidade configura uma responsabilidade para a criança e para os pais e demais pessoas que a cercam. É preciso aceitar, compreender e entender o que se passa, a fim de ajudar a criança, no tempo certo e no ritmo que lhe for adequado, a seguir seu caminho. Nada, porém, de sustos, repressões, ironias ou temores.

Para relatar um caso específico de mediunidade infantil emergente, achei melhor abrir espaço no capítulo seguinte, mesmo porque são muito instrutivas para as finalidades de nosso estudo as inteligentes e moderadas atitudes da mãe da criança que, embora não familiarizada com os aspectos espirituais correspondentes, teve o bom senso de aceitar as ponderações de uma amiga versada em tais questões e na qual ela confiava.

17. Dom Bial e seu amigo Blatfort

FISICAMENTE PERFEITO E saudável – nascera com quatro quilos e duzentos gramas –, esse menino parecia feliz e tranquilo. Logo se percebeu, contudo, que se agitava bastante durante o sono e parecia ter pesadelos. Com três meses de idade, resmungava enquanto dormia e até engatinhava, o que ainda não fazia em vigília.

Foi nesse período, em que ainda não dispunha de um mínimo de vocabulário para dizer o que pensava, que começou a manifestar verdadeiro horror por cenas de violência. Até uma simples discussão mais veemente o deixava em pânico, muito pálido e em pranto. Outro aspecto que contribuía para compor um quadro meio traumático, era o pavor que suscitava na criança qualquer som que lembrasse estampido de arma de fogo. Em vez de mero susto, que seria normal, ele se punha literalmente aterrorizado, rígido e pálido, incapaz de emitir um som. Certa vez, depois de acalmado pelo pai, que lhe garantira sua proteção ante uma série de estampidos de fogos de artifício nas vizinhanças, o garoto conseguiu expor suas razões (já era um pouco maior):

– Neném tava sentado – explicou, muito sério –, irmão entrou e: pum!, pum!, pum!

O dramático relato foi acompanhado do gesto característico: o dedinho apontado como arma de fogo. Não é preciso falar da emoção do pai, ao ouvir aquilo de uma criança de ano e meio.

Viveu os anos seguintes, até aí pelos seis, sempre em sobressalto ante a simples visão de qualquer arma de fogo, mesmo de brinquedo, dessas que pais desavisados costumam dar a filhos pequenos.

– Mamãe – perguntava ele –, guarda tem revólver? Revólver mata! Guarda mata neném?

Era preciso assegurar-lhe que o policial não estava ali para matar neném.

Aí pelos seis anos, entrou espavorido em casa e saltou no pescoço da mãe, a chorar. Momentos após, entrou uma menininha de oito anos com um revólver de plástico na mão. Estavam brincando de 'mocinho e bandido' e ela sacou a arma.

Sem saber como cuidar daquela psicose que a punha também em sobressalto e aflição, a mãe comentou a situação com uma amiga, que lhe deu um conselho escorado em uma hipótese, a única aceitável sob tais condições: provavelmente o garoto havia sido assassinado a tiros em existência ainda recente, e a lembrança do episódio se transferira para a presente. Em vez de reprimi-lo ou repreendê-lo, o melhor era uma conversa adulta e franca, da qual se incumbiu a amiga, na presença da mãe.

– Flavinho – começou ela –, a gente vive muitas vezes. Nasce, cresce, fica velho, morre e depois nasce outra vez. Alguém já matou você com um revólver ou outra arma qualquer. Mas isso foi há muito tempo. Numa outra vida. Você nasceu outra vez e agora tem outra vida. E nesta vida ninguém vai matar você de novo com uma arma. Não precisa ter medo.

– Então eu já morri, Didi?

– Já, sim, amor. Já.

– Alguém me matou e eu nasci outra vez?

– Exatamente.

– E não vai mais me matar?

– Não, não vai. Agora você tem o papai, a mamãe e eu. E nós não vamos deixar ninguém matar você.

– Eu nasci de novo? Da barriga da mamãe?

– É, isso mesmo.

Como se pode observar, a criança absorveu com naturalidade a explicação e formulou suas próprias deduções complementares. Na realidade o conceito de nascer de novo parece ter despertado nele profundo interesse, porque ele voltou várias vezes ao assunto, em busca de mais informação. Isso parece tê-lo tranquilizado, a ponto de poder, com o tempo, até tocar em arma de brinquedo, embora jamais a quisesse para si mesmo.

Na festinha de primeiro aniversário, Flávio revelou outro ângulo traumático de suas memórias ocultas. Foi tudo muito bem até o momento em que se fez silêncio para o início do clássico *Parabéns pra você*. A criança ficou lívida e tensa, deu um grito e se pôs a chorar em altos brados. A amiga providencial, considerada pela família – e pela criança – como segunda mãe, retirou-a da festa e levou-a para seu apartamento, ao lado. Com muita dificuldade, o menino acalmou-se, para cair em visível estado de depressão, caracterizado por um choro sentido e contínuo, com o qual, obviamente, traduzia emoções profundas que, de outra forma, não teria como expressar.

Uma análise posterior da situação levou à conclusão de que, por ser o primeiro aniversário, ele talvez tivesse se assustado com toda aquela agitação, e o incidente logo foi esquecido.

No segundo aniversário, desta vez em sua casa mesmo (o anterior fora em casa da avó), repetiu-se o fato, para consternação geral. Mãe e avó, sem saberem o que pensar e como agir, desataram também a chorar. Novamente a amiga tomou o menino nos braços, retirou-o do ambiente e saiu com ele, procurando distraí-lo, até que se acalmasse, o que demorou bastante.

A amiga (que o menino tratava de Didi) procurou a mãe para uma conversa esclarecedora. Decididamente, entendia ela, havia na memória dele um episódio altamente traumático ligado àquele tipo de festa e, mas especificamente, ao momento em que todos assumiam uma atitude mais ou mesmo solene. Era até possível que o assassinato a que ele se referira, em sua linguagem infantil, houvesse ocorrido em semelhante festinha, de aniversário ou casamento, em existência anterior. Seja como for, parecia indicado para o caso uma reformulação nas festas, ou, eventualmente, a suspensão delas, se fosse o caso. Daí em diante, as coisas se acomodaram. As festinhas de aniversário continuaram a reunir os amiguinhos, havia bolo e brincadeiras, mas nada de parabéns cantados. As velinhas permaneciam apagadas, e na hora que julgasse apropriada, a mãe cortava o bolo, sem nenhuma solenidade especial.

Mas o trauma não se limitava às festas pessoais. Mesmo em festas alheias, ele sentia a inevitável opressão do drama íntimo. Na hora da solenidade dos parabéns, ele fugia para algum canto, onde poderia ser encontrado deprimido e, usualmente, em lágrimas.

Aos quatro anos de idade um episódio desses deu margem a uma solução inteligente para o caso. Contra sua vontade expressa, mas em obediência à autoridade materna, Flavinho não teve alternativa senão acompanhar a mãe a uma das detestadas festinhas em casa de amigos. Acompanhar é bem a palavra, pois ele seguia a certa distância, com evidente má vontade. A certa altura ela parou para esperá-lo e notou, consternada, que as lágrimas escorriam dos olhos dele.

– Que é isso, meu filho? Você está chorando? – perguntou.

– Pois é, mamãe. Você sabe que eu não gosto de festas, mas me obriga a ir... então eu vou.

Foi o toque que faltava para a mãe entender, em toda a extensão e profundidade, o drama da criança. Bastante comovida, ela abaixou-se, enxugou-lhe as lágrimas e disse:

– Não, meu filho, você não *precisa* ir, se é assim tão importante. Vamos voltar para casa. Mamãe nunca mais vai obrigar você a ir a nenhuma festa que você não queira.

Assim foi feito.

Embora tenha conseguido vencer suas inibições a ponto de aceitar uma festinha, com parabéns e tudo, aos oito anos de idade, Flavinho não gosta mesmo desse tipo de atividade. Prefere uma reunião informal com o pessoal da casa e pouquíssimos amigos.

Flavinho é dotado de uma personalidade muito marcante, firme, seguro de si, um pouco autoritário. Não gosta de ser repreendido e tem pouca tolerância com a pessoa que lhe falta à palavra empenhada, seja isso simples promessa relativamente irrelevante. Também de si mesmo exige idêntico comportamento. É correto, cortês, educado e de hábitos aristocráticos. Com um ano e meio já comia sozinho; com dois anos sentava-se à mesa, como um adulto, manipulando adequadamente os talheres e o guardanapo. É certo que a mãe exerceu importante papel nisso tudo, pois sempre tratou seus filhos como pessoas dignas de atenção e até respeito, embora com a necessária autoridade, quando era preciso. O importante, porém, é que a atitude da mãe encontrava plena resposta na maneira de ser dos filhos.

Fragmentos de outras vidas pareciam, às vezes, aflorar na memória de Flávio, suscitados, certamente, por estímulos do momento. Desde os dois anos, por exemplo, com frequência repetia uma palavra (Ou seria mais de uma?) que soava como *Dombial*. Perguntado a respeito, certa vez, respondeu, com naturalidade:

– É neném. Neném é Dombial!

Teria sido algum nobre espanhol conhecido como dom Bial? Ou Vial? O certo é que ele sempre esteve convicto de ter sido essa personagem. Certa vez, deixou suas brincadeiras para vir colocar-se junto ao rádio, que estava transmitindo um trecho de música erudita, uma ópera, ao que se recorda a mãe.

– Que é isso, meu filho? Você não gosta dessa música! (Ela sabia que ele era fã do Roberto Carlos.)

– É – retruca ele. – Agora neném não gosta, mas quando neném era Dombial, neném gostava muito!

Em outra oportunidade, mergulhado em profundas meditações, declarou, ao ser interrogado, que estava pensando em 'sua' cidade, que no seu dizer ficava muito, muito longe, era bonita e às vezes ficava toda coberta de branco. E destacava o detalhe com um amplo gesto, como ilustrando a vasta área sob o lençol de neve.

Flavinho foi bastante assediado por entidades espirituais hostis, que lhe perturbavam o sono desde os primeiros meses de vida, como vimos, ou lhe acarretavam até movimentação sonambúlica (engatinhando) e pesadelos. Mesmo a mãe, inexperiente em tais assuntos, era de opinião que parecia haver pessoas invisíveis em torno do bercinho dele perturbando-o. A amiga espírita aconselhou-a a 'conversar' mentalmente com essas pessoas, tentando apaziguá-las e pedindo-lhes que deixassem em paz o menino, que era apenas um indefeso bebê. Que lhe dessem uma oportunidade. Seja porque as entidades se deixaram convencer ante os apelos da mãe, seja porque foram afastadas, as coisas ficaram mais tranquilas. É certo, porém, que ele via tais entidades, pois dispunha, evidentemente, de faculdades mediúnicas, como demons-trou em inúmeras oportunidades.

Mesmo antes de conseguir emitir um som, via 'coisas' que o deixa-vam literalmente apavorado, apontando aflitivamente para algum pon-to no espaço, onde os pais nada podiam ver.

Havia, também, amigos invisíveis, que pareciam proporcionar-lhe cer-ta forma de proteção e companhia. Desde muito cedo, entre um ano e meio e três de idade, ele brincava com 'alguém' que ficava sentado em determinada poltrona na sala de visitas. A mãe, muito nervosa, tentava distraí-lo, mudava os móveis de lugar, mas não adiantava: Flavinho voltava a demonstrar que ali estava alguém com quem ele se entendia de alguma maneira misteriosa. Certa ocasião a mãe acabara de dar-lhe a mamadeira e tentava fazê-lo adormecer quando ele se virou para a poltrona e sorriu. Ela trocou de posição, insistiu em fazê-lo dormir, e ficou a niná-lo, aflita, ansio-sa para que ele se esquecesse logo 'daquilo' que estaria vendo na poltrona. A essa altura lembrou-se de uma panela no fogo e deixou o filho por uns momentos, para ir à cozinha. Quando voltou, pouco depois, estacou na entrada da sala. O menino se levantara e estava diante da poltrona, com as mãozinhas pousadas em invisível colo, enquanto contemplava, satisfeito, um ponto mais alto da poltrona, onde 'alguém' deveria estar sentado.

Dessa vez a mãe não conseguiu conter sua aflição e chorou.

No dia seguinte, ainda profundamente abalada, foi confidenciar com a amiga e vizinha e logo começou a chorar de novo, num desa-bafo do que vinha tentando reprimir há algum tempo: a angústia ante aqueles fenômenos tão estranhos que, no seu entender, só podiam ter um sentido – o de que seu querido bebê era uma criança um tanto alienada. Vinha pedir socorro. Alguma coisa precisava ser feita, e logo, pois aquilo não podia continuar assim.

– É horrível – disse – ver meu filho ali, com as mãos postas num colo que não existe e sorrindo para uma pessoa que não existe.

A amiga tentou acalmá-la, dizendo que a pessoa existia, sim, ela é que não a via, mas prometeu ajudar, sem saber no momento o que fazer. Teve, depois, a ideia de conversar mentalmente com a pessoa in-visível que, intuitivamente, julgava ser a bisavó do menino, falecida já há algum tempo. Disse-lhe mais ou menos o seguinte:

– Olha, sei que a senhora está lá para ajudar e proteger o Flavinho. A senhora não iria querer fazer nenhum mal a ele, mas a mãe dele não sabe disso. Não entende disso e está justamente assustada. Não é justo que ela fique assim, nervosa. Portanto, peço à senhora que, por favor, fale com ela quando for possível e lhe explique as coisas. Ela veio pedir ajuda a mim, mas só a senhora pode dar-lhe essa ajuda. Por favor, fale com ela para tranquilizá-la. Eu lhe fico muito grata.

Essa pequena 'conversa' foi à noite, pouco antes de adormecer. No dia seguinte, logo cedo, a mãe do menino foi procurar a amiga. Estava eufórica, os olhos brilhantes e foi logo perguntando:

– Você fez *alguma coisa*, não fez?

E contou a novidade. Deitara-se, na véspera, e estava quase dormindo quando, de repente, se viu em casa de sua mãe. Sua avó estava sentada numa poltrona, com Flávio ao colo.

– Ué, vovó – disse ela –, então a senhora está aqui?

Comparem, agora, o que respondeu a avó com os termos em que o pedido fora formulado (mentalmente) por Didi:

– Sou eu, sim, minha filha – começou ela. – Trouxe você aqui para dizer-lhe que aqui estou para ajudar a proteger o Flavinho. Mas não é justo que você fique assim tão nervosa. Se você continuar nervosa, vou ter de ir embora.

Dizendo isto, colocou o menino no chão e ele correu para o quintal, enquanto as duas se dirigiam para a varanda.

– Está vendo? – perguntou a avó. – Ele fica lá, brincando, e eu tomo conta dele para você. Pode ficar tranquila, minha filha.

No momento seguinte a mãe do menino despertou.

Só então Didi contou o que havia feito, e a amiga pôs-se a chorar. Desta vez, porém, era de alegria. Afinal de contas era apenas a vovó que estava tomando conta de seu filho e não uma figura alucinatória.

Em outra misteriosa personagem parecem emergir fragmentos de mais uma existência passada de Flavinho. Trata-se de um menino – também invisível aos demais membros da família, como no caso de Divaldo Franco – ao qual ele chamava de Blatfort, com especial pronúncia que, a seu ver, ninguém reproduzia com fidelidade.

Ao que tudo indica, o espírito apresentava-se aos seus olhos como outro menino, mais ou menos de sua idade. Brincavam e conversavam o tempo todo e, às vezes, até pareciam desentender-se, não se sabe se com Blatfort ou com outro menino que participava das atividades. Acontecia, por exemplo, esconderem de Flávio um dos seus brinquedos e ou não permitirem que ele brincasse com eles. Prontamente a queixa era endereçada à mãe:

– Mãe, o menino não quer me dar o carrinho!

Mais familiarizada a essa altura com os fenômenos, graças à orientação colhida nas longas conversas com a amiga Didi, a mãe começava a considerar com mais naturalidade os incidentes. Em vez de atemorizar-se ou repreender o filho, limitava-se a dizer-lhe, como se fosse a coisa mais natural do mundo (e não é?):

– Deixa com ele um pouquinho, Flávio. Depois ele devolve.

Blatfort podia até cometer inocente indiscrição, contando a Flávio o prato que sua mãe estaria preparando secretamente para fazer-lhe surpresa, mas era ponderado, amadurecido e tranquilo. Deu-se um episódio revelador quando Flávio, com os naturais receios do 'desconhecido', teve de enfrentar seu primeiro dia de jardim de infância, aventurando-se por um universo que ainda não era o seu. Relutou e acabou cedendo, um tanto a contragosto. À saída, porém, as coisas tinham mudado radicalmente. Logo revelou à mãe o motivo:

– Sabe quem estava lá, mamãe? O Blatfort! Ele disse que não preciso ter medo, que escola é bom para mim.

A mãe guardou para si uma pontinha de inquietação. E se a professora ficasse sabendo da existência desse Blatfort? Parece, contudo, que a interferência foi só no primeiro dia, com a clara finalidade de encorajar o amiguinho. Flávio até passou a reclamar, dizendo que Blatfort não estava indo à aula com ele...

Aos nove anos de idade, ocorreu dramático incidente. Flavinho, em pranto, foi em busca da mãe, que naturalmente o recebeu um pouco aflita. Que foi?, que não foi?, e ele, muito sentido:

– Eu vi o Blatfort, mamãe?

– Ué, e daí? Por que o choro?

– Eu vi ele, mamãe. Mas ele não é mais criança. Ele é um homem agora. E me disse que não vai mais aparecer pra mim. Que eu não vou mais ver ele.

É claro que nem sempre a mãe sabia o que dizer ou fazer ante o insólito de tais situações. Ao que parece, o espírito se incumbira de uma tarefa junto ao amigo encarnado e chegara a vez de deixá-lo seguir, não propriamente sozinho, mas com espaço suficiente para suas próprias iniciativas e decisões. Na hora da despedida, apresentou-se tal como era, ou seja, como um espírito amadurecido e adulto, se é que tais palavras se aplicam mesmo ao caso. Ou, então, estaria partindo para uma nova existência na carne; ou, ainda, iria apenas acompanhar Flavinho, sem mais aquela presença constante e visível.

Esse intercâmbio com seres invisíveis constituía eloquente testemunho das faculdades mediúnicas de Flávio. Não somente sua vidência era bem desenvolvida, como conversava e brincava com seus amigos de outras dimensões. Era frequente saber de coisas que não lhe haviam sido reveladas ou até mesmo lhe fossem deliberadamente ocultadas.

Um desses casos foi a morte, por atropelamento, de um pobre beberrão que morava numa tapera nas proximidades de uma casa de veraneio da família de Flavinho. Entendiam-se bem, Flávio e ele. Quando o homem desapareceu, a família preferiu dizer que ele ficara doente e morrera, para não chocar o menino. Flávio parece ter aceitado a piedosa mentirinha, mas, dias depois de estar de novo na casa de campo, 'cobrou' a verdade aos mais velhos. Não era fato que o homem tivesse ficado doente.

– Não foi, não – afirmou com segurança. – Ele falou comigo e me contou. Ele foi atravessar a estrada e foi atropelado. Morreu, mas continua lá, na casa dele. E todo dia vai lá pro bar, como fazia antes.

Há também premonições bem marcadas e testemunhadas, dessas que costumam integrar as faculdades que compõem o quadro mediúnico. Como a vez em que declarou, taxativamente, que a família não deveria tomar aquele ônibus, e sim esperar o seguinte, pois aquele iria enguiçar sobre a ponte (Rio-Niteroi). Foi o que de fato aconteceu.

De outra vez, foi uma kombi que, segundo sua convicta 'profecia', iria atolar. Mas como? Com um belo dia daqueles? Não deu outra. Já de volta do passeio, o motorista (tio do menino) resolveu tomar um atalho para encurtar o percurso e deu com um atoleiro memorável do qual custaram a se livrar.

Previsão semelhante foi feita quando Flavinho conseguiu convencer o pai – já de passagem comprada para Minas – a adiar a viagem, porque, segundo o filho, se ele fosse naquele ônibus, não voltaria vivo. Deu-se com o ônibus fatídico grave acidente, no qual várias pessoas morreram, entre as quais um parente de conhecido cantor popular nordestino.

Em outra oportunidade, Flávio previu, sem nenhum estímulo especial ou solicitação, que o tio iria "tirar um carro na sorte", e que era um carro preto. (Parecia vê-lo, portanto.) O tio, que comprara um bilhete de rifa e não pensara mais no assunto, viu-se premiado mesmo com o carro preto da sorte.

Flavinho previu, ainda, o nascimento de uma prima e anunciou a gravidez da mãe, antes que ela própria soubesse, acrescentando que seria uma menina.

Ao escrevermos estas notas, Flávio está se aproximando dos treze anos de idade. É um menino perfeitamente normal, sadio, forte e intelectualmente muito bem dotado. Aprendeu a ler praticamente sozinho, manipulando brinquedos educativos. Na escola, aprende com notável facilidade, como se aquilo não exigisse nenhum esforço especial. (Não é sem razão que Sócrates ensinava que aprender consiste apenas em recordar.) A impressão de sua querida Didi, experimentada professora, é a de que o sistema educacional vigente não lhe proporciona as condições ideais para um desenvolvimento de mais amplas dimensões.

Realmente, pesquisas modernas demonstram que a criança superdotada acaba prejudicada pela mediocridade dos métodos pedagógicos, porque não encontra, na atividade escolar, o estímulo do desafio, importante ingrediente na formação cultural dos mais inteligentes, nem a liberdade de que necessita para fazer suas opções quanto ao currículo, e a ênfase que deseja colocar nesta ou naquela matéria de sua preferência.

Na verdade inteligência não é dom especial, nem traço hereditário, e, sim, testemunho de uma vivência maior, marca de um espírito mais experimentado e amadurecido, já habituado, de muitas vidas, com o trato dos problemas da mente, da cultura, da sabedoria, enfim.

Um dia saberemos como lidar adequadamente com essas pessoas especiais, muitas das quais se estiolam e se perdem no anonimato porque, no momento certo, não puderam contar com os estímulos necessários. Apesar disso, são muitos os que superam tais dificuldades e seguem em frente, até mesmo abrindo novos caminhos para outros que venham atrás.

Parece legítimo esperar que Flavinho seja um desses.

A grande lição que ressalta desse caso é a do excelente relacionamento entre as pessoas envolvidas: pai, mãe, filhos e a amiga da família. Problemas e dificuldades que poderiam ter provocado pânico ou lamentáveis conflitos são examinados com seriedade e a possível tranquilidade, após superado o impacto emocional do primeiro momento de perplexidade.

É de reconhecer-se que operou aqui um feliz conjunto de circunstâncias que desaguaram em soluções de bom senso para as crises ocorridas. Inexperiente no trato de situações potencialmente estressantes, como as suscitadas por certas manifestações inabituais da psique humana, a mãe encontrou uma pessoa de sua total confiança, em condições de lhe proporcionar segura orientação. Seriam, contudo, imprevisíveis as consequências, se a pessoa consultada fosse uma dessas afoitas e despreparadas 'entendidas', que não hesitam em dar os mais extravagantes palpites sobre questões desse tipo.

Vamos, pois, reiterar observações feitas alhures, neste livro: não entrem em pânico se seus filhos começarem a lembrar-se de existências anteriores, ou revelar algum potencial mediúnico. Mantenham-se calmos, deem aos incidentes a atenção que merecem, observem tudo com serenidade, façam perguntas com naturalidade, manifestem seu amor e compreensão à criança, assegurem-lhe sua proteção ante seus temores e jamais a ameacem ou castiguem para que deixe de 'inventar' coisas. Procurem informar-se com alguém que esteja familiarizado com esses problemas, mas é preciso que você não apenas tenha confiança nessa pessoa como nos conhecimentos que diz possuir, antes de por em prática o que lhe for sugerido.

Este ponto é o mais crítico de todo o processo, porque são muitos os que se julgam profundos conhecedores dos mecanismos do espírito, mas não passam de meros curiosos, totalmente despreparados, a pontificarem, cheios de empáfia e mistério, munidos apenas de lamentável primarismo.

A mediunidade não é uma doença mental ou desequilíbrio emocional, e, sim, uma sensibilidade especial do psiquismo humano, uma faculdade nobre que, bem orientada e adestrada, serve maravilhosamente bem de instrumento de ligação entre os seres que vivem encarnados e os que estão, no momento, vivendo no mundo que, para nós, é invisível.

Uma boa palavra aqui é esta: calma! Outra coisa, não menos importante, é a seguinte: se não sabe, aprenda a orar.

18. A debatida influência do meio

TODOS NÓS DESEJAMOS FILHOS bonitos, sadios e inteligentes. Usualmente é o que acontece, mas nem sempre.

Uma vez fui procurado por um pai aflito. Estava assustado ante a fantástica capacidade intelectual que vinha revelando seu filho desde os primeiros anos de vida. A criança não somente era dotada de excepcional inteligência, como possuía elevado grau de maturidade. Não foi difícil entender as razões da preocupação daquele pai que, com sua sensibilidade e agudo senso de dever, tinha consciência da responsabilidade do casal no encaminhamento do pequeno gênio que viera abrigar-se em sua família. Que fazer, perguntava-me ele, com uma criança assim? Como educá-la, como guiar-lhe os passos, como tratá-la, enfim, para que fosse possível o desenvolvimento de todo o seu potencial?

A preocupação é legítima, a meu ver, porque a inteligência em si mesma é neutra, o que significa que tanto pode ser usada nas arquiteturas do bem como nas deformadas construções do mal. Ela pode ser a instrumentação de um espírito maquiavélico, voltado para tenebrosas maquinações, como devotar-se de tal maneira à propagação do bem que deixará atrás de si, por onde passar, a marca do amor fraterno e da felicidade.

Não sei porque, contudo, minhas intuições acerca daquele menino eram as melhores possíveis. Sugeri ao ansioso pai que ele e sua esposa dessem apoio material e moral e todo o amor que lhes fosse possível àquela criança. Quanto ao seu encaminhamento na vida, não se preocupassem, pois ele certamente sabia o que viera fazer aqui, entre nós.

Expliquei-lhe, como pude, o mecanismo dos renascimentos, procurando fazê-lo entender que a criança não é um ser que *começa* a vida, mas que *recomeça*, que lhe dá continuidade. Já vem de outras eras e segue rumo ao futuro.

Não posso ter tido a esperança de que ele tenha concordado ou aceitado tudo o que lhe disse, mesmo porque predominavam em suas estruturas de pensamento e ação conceitos católicos, que era meu dever respeitar. Tive a impressão, contudo, que ele se despediu mais tranquilo. Lembro-me, com estranha nitidez, daquele dia. Era um fim de tarde, já ao anoitecer. Mudáramos, não há muito, para um novo apartamento e estávamos com a casa um tanto tumultuada, devido às obras de reforma.

Ao escrever, hoje, estas linhas, quinze anos se escoaram e o menino é, agora, um jovem de mais de vinte anos. Confirmaram-se nele as expectativas mais otimistas, realizando-se a modesta e involuntária 'profecia'. Ele *sabia* mesmo (e sabe) abrir caminhos, pelos quais vai trilhando. Dotado de inteligência, de fato, superior, devotado aos estudos, sério, responsável, equilibrado e sensato, vai se tornando rapidamente um sábio, mergulhando em assuntos que intimidariam, devido à sua complexidade, pessoas aparentemente mais amadurecidas. Como precoce poliglota, é praticamente ilimitado o escopo de suas leituras, mas ele sabe manter rigoroso critério seletivo, para não ser apenas um amontoador de conhecimento livresco ou mero devorador de livros, qualquer que seja a natureza de seu conteúdo.

Dentro de todo esse contexto de vida, não perdeu o senso perfeito do balanceamento de suas emoções, não permitindo que a busca do conhecimento, impulsionada por insaciável sede de saber, faça dele um frio intelectual. É um filho amoroso, devotado aos pais, com excelente nível de relacionamento com eles.

Em suma, um espírito amadurecido, experiente, no qual se pode entrever, com a maior transparência, uma longa e proveitosa série de vivências. Onde quer que ele renasça, sejam quais forem a época e as condições sob as quais viver, ele encontrará seu caminho, superando maiores ou menores dificuldades.

Isso nos leva à discussão de um aspecto que tem alimentado infindáveis debates técnicos e especulativos: o ser humano, em geral, e a criança, em particular, são o que se habituou considerar como um *produto do meio*? Ou, em outras palavras, sofremos a influência do meio em que vivemos ou nos impomos a ele, desenvolvendo virtudes (ou vícios) a despeito da exemplificação à nossa volta, num sentido ou noutro?

A experiência e a observação de fatores ainda não considerados pela ciência oficial – que não leva em conta elementos importantes do problema, como a realidade espiritual – nos induzem a propor respostas cautelosas, matizadas, sujeitas a possíveis confirmações ou correções, como aliás exige a grande maioria dos problemas humanos. Raramente tais questões podem ser equacionadas e resolvidas com precisão matemática, através de uma fórmula prevista, que sirva para todos os casos da mesma natureza. Apenas em alguns aspectos bem específicos os seres humanos podem ser quantificados e classificados, e isso fica mais para os domínios da estatística. Podemos saber, com precisão, quantos homens, mulheres e crianças existem em cada comunidade, que frequência apresentam em cada faixa etária, grau de instrução ou de poder aquisitivo. Que tipo de religião ou crença professam, que atividade desenvolvem e em que tipo de habitação moram. Como, porém, avaliar-lhes o grau de felicidade, a natureza de seus sentimentos e até que ponto, precisamente, o amor fraterno os motiva a esta ou àquela ação?

A velha controvérsia acerca da influência do meio sobre as pessoas poderia ser posta em termos menos radicais. Seria desavisado negar que o meio influencia as pessoas, pois não podemos ignorar o poder sugestivo do impulso imitativo, especialmente nas crianças. É comum encontrarmos filhos entregues ao esforço, consciente ou inconsciente, de imitarem o pai, a mãe ou ambos, seletivamente, nesse ou naquele aspecto da personalidade de cada um. Podem as crianças acostumar-se, por exemplo, a falar em voz alta, a comer esse ou aquele tipo de alimento, a valorizar mais o dinheiro e a acumulação de bens materiais do que a busca de realização intelectual, tudo isso movidas pelo estímulo da imitação, pela simples inércia da motivação ambiental.

Não é difícil perceber, por outro lado, que mesmo nascidas e criadas em ambientes sem o menor estímulo às coisas do espírito, por exemplo, há crianças que desde cedo manifestam inquestionáveis inclinações pelo estudo, pela especulação intelectual, pela ânsia de conhecimento. Da mesma forma, encontraremos jovens criados com intelectuais que derivam para atividade completamente estranha às que vê desenvolverem-se no ambiente em que vivem.

Depreende-se, por isso, que dons ou tendências específicas podem ser estimulados, suscitados, tanto quanto comprometidos e sufocados pela influência do meio, mas também pode a criança impor-se a ele, com maior ou menor segurança e determinação.

Não é, portanto, o meio que forma ou contribui, de modo decisivo, inquestionável e inevitável, para que a pessoa seja desta ou daquela maneira, embora possa contribuir com alguma pincelada, tonalidade ou matiz.

Vamos repetir, para refrescar nosso entendimento: a criança é um espírito que ainda há pouco estava no mundo invisível, entre a vida que se foi, alhures, no tempo e no espaço, e a que mal recomeça, na carne. Entre uma existência e outra, passamos todos por um período de reavaliação pessoal, de revisão do que fizemos anteriormente, de reestruturação de conceitos e, finalmente, de reprogramação da vida. Em suma, o que fizemos até então, onde erramos ou acertamos, o que precisamos fazer para desenvolver esta ou aquela linha evolutiva? Como corrigir erros cometidos? Que fazer para recuperar afeições perdidas devido à nossa insensatez? Como nos recompor com pessoas que transformamos em adversários ou mesmo inimigos difíceis? Que tarefas temos a desenvolver na próxima existência ou nas subsequentes? Que traços de caráter devemos batalhar para retificar e que virtudes ou faculdades estimular? Onde, quando e junto de quem vamos renascer da próxima vez? Com que programa de trabalho ou projeto pessoal?

Considerados esses e inúmeros outros aspectos de maior complexidade e traçada uma escala de prioridades, acabamos por elaborar, com a assistência de devotados e competentes conselheiros, um programa de ação que envolve considerável número de variáveis. Em tudo isso, porém, fica reservado espaço para o exercício do nosso livre-arbítrio, respeitado pelas leis cósmicas que nos regem até limites bastante elásticos, mas não arbitrários ou indefinidos. Em casos extremos, a lei interfere com um dispositivo inibidor que resulta, praticamente, no cerceamento da liberdade de continuar cometendo desatinos. Exemplo: depois de repetidos fracassos, vida após vida, com idêntico ou muito semelhante tipo de erro, pode ocorrer uma encarnação compulsória em corpo deformado, ou dotado de vida meramente vegetativa, a fim de que a pessoa fique, paradoxalmente, protegida de si mesma, ao abrigo de suas próprias paixões e insensatez. É como se a lei determinasse uma prisão dita perpétua, porque dura enquanto durar a própria vida, e pode até transbordar para a seguinte e além...

Como a criança é um espírito que traz uma programação, um planejamento, um projeto a executar, é até possível que venha para um ambiente hostil às suas aspirações, precisamente porque, no passado, quando dispôs de facilidades e recursos adequados e suficientes, deixou de realizar sua tarefa, por negligência, irresponsabilidade ou desinteresse.

No entanto, para que possamos avaliar a dificuldade da posição de pais ou tutores da criança, a fim de compreendermos tudo isso, convém mostrar outros aspectos dessa complexa problemática.

Suponhamos que a criança venha para a nova existência com uma carga mais pesada de deformações pessoais e erros a retificar. Não é difícil imaginar que, em um caso desses, trata-se de um espírito ainda um tanto rebelde, desajustado e desarmonizado, sobre o qual serão ponderáveis as influências do ambiente em que viver. Se encontra pessoas que o ajudem a combater suas inclinações negativas, poderá conseguir muito maior êxito do que se conviver com pessoas que o abandonem a si mesmo, quando não contribuam para que mais se consolidem as deformações emocionais que está programado para atenuar, senão corrigir de todo.

É grave, pois, a responsabilidade de quem recebe uma criança para criar, seja filho próprio ou alheio. Se contribuir para que se consolidem nela tendências negativas, em vez de ajudá-la a refazer-se, estará assumindo quotas adicionais de responsabilidade e agravando suas dificuldades de relacionamento com aquele ser, em futuro próximo ou mais remoto, nesta ou em outras existências. Nenhum de nós é uma ilha psicológica ou emocional. Somos partículas de um só continente da vida. O que fazemos ou deixamos de fazer, por incrível que pareça, pode alterar condições e vivências que somente daqui a alguns séculos ou milênios venham a resolver-se satisfatoriamente. Como dizem os modernos físicos místicos (Ver, por exemplo, *O Tao da física* de Fritjof Capra.), os movimentos, aparentemente imperceptíveis, do nosso minúsculo átomo individual – pois somos partículas de consciência – acarretam movimentos correspondentes no próprio cosmos, no qual estamos integrados. De uma forma ou de outra, se agimos bem ou mal, criamos, naquele diminuto espaço nosso, uma perturbação ou uma acomodação no universo, como um todo. Nenhum outro fenômeno é tão fantástico e impressionante para o ser humano que o experimenta quanto o da chamada consciência cósmica, um estado semelhante ao êxtase, que suscita no ser humano a certeza dessa participação e integração no todo. As fragmentárias descrições e depoimentos que temos a respeito nos dão conta de uma sensação de perfeita identidade global, como se o indivíduo fosse o universo inteiro e não apenas um átomo consciente.

Mas isto, afinal de contas, seria matéria para outra dissertação. Apenas desejamos caracterizar aqui a responsabilidade de cada um de nós, desde o momento em que um espírito começa a preparar-se para ser nosso filho ou filha, genético ou adotivo. Na verdade, para ser mais preciso, a responsabilidade recua muito mais, pois ela se arma no momento em que, por uma razão ou outra, nossos destinos se cruzaram, alhures no mundo, em tempo que nem sempre podemos determinar, ou, sequer, imaginar. Problemas cármicos que estão sendo ainda hoje trabalhados e poderão sê-lo ainda pelos próximos séculos ou milênios vêm sendo tecidos na tapeçaria da eternidade desde épocas que somente nossa memória integral poderá revelar.

Meu livro *O exilado* reproduz o depoimento de um espírito que já trazia compromissos a resolver quando foi trazido à encarnação na Terra, depois de muitos e persistentes erros em remotas regiões do universo.

Então, aquele filho bonito, inteligente, saudável e antigo que recebemos agora pode ser um amigo e respeitável companheiro de longínquas eras, que nos concedeu a honra, a alegria e a responsabilidade de escolher-nos como mãe e pai. Recebamo-lo com a alegria a que fizemos jus, todos nós, e com o renovado amor que, desde muito, nos une nos inquebrantáveis laços da luz imortal.

19. Filhos deficientes

BEM, E SE A CRIANÇA QUE recebermos não for bonita, inteligente e sadia? A primeira atitude a assumir, tão logo tenhamos absorvido o impacto maior ou menor que nos causou essa verificação, é a de que a pessoa que nos foi entregue é um ser humano, tão filho de Deus como cada um de nós. A segunda postura, tão firme e urgente quanto esta, é a de que, por alguma razão concreta, veio para junto de nós um espírito condicionado a certas limitações, contornáveis umas, irreversíveis outras, que nos compete aceitar para enfrentar as dificuldades decorrentes. O terceiro aspecto a considerar é o de que a dor, a desarmonia, o desajuste, são situações transitórias. A lei divina provê para todos nós um estado final de felicidade permanente, e por isso tornou-se imperioso decretar, simultaneamente, a transitoriedade do sofrimento. Não há sofrimento eterno em nenhum recanto do universo; há seres que sofrem por um espaço maior ou menor de tempo, conforme a natureza de seus equívocos e na razão direta do esforço que procuram fazer para ajustar-se às leis cósmicas desrespeitadas e que tudo preveem e proveem para que se realize o objetivo final da paz interior. Algumas religiões costumam chamar isto de salvação. O nome não importa, e sim a verdade nele contida. Um quarto aspecto deve ser mencionado e explicitado: o de que os pais de uma criança deficiente têm, necessariamente, um envolvimento pessoal na questão. Em outras palavras: têm uma quota de responsabilidade perante aquele ser, ainda que não obrigatoriamente resultante de uma culpa.

O ser humano não é criado para a desgraça, para o desamor, o sofrimento, a angústia, e sim para a felicidade. Toda a legislação cósmica converge para esse fulcro luminoso. Não haveria o menor problema em lá chegarmos todos, no tempo certo, se entendêssemos que as leis divinas não operam *contra nós*, e sim *a nosso favor*. E é precisamente por isso, ou seja, porque estão programadas para nos levarem aos últimos patamares da perfeição espiritual que elas contêm apropriados dispositivos para promover a correção de rumos em nossos roteiros evolutivos, sempre que enveredamos por atalhos. De que outra maneira iria a "Inteligência Suprema" – que foi como os espíritos caracterizaram, sem definir, a Divindade – guiar nossos passos, senão criando leis que nos trazem de volta ao caminho certo sempre que nossas paixões nos levam ao transviamento dos atalhos?

É certo que o filho que nos chega com deficiências físicas ou mentais vem com sua mensagem de sofrimento para si mesmo e para nós. Fica difícil convencer pessoas totalmente despreparadas a aceitarem situações como essas, nas quais a dor que nos causam as limitações a um filho ou uma filha que muito amamos é precisamente o remédio que a lei está ministrando, a nós e a ele, para que, futuramente, possamos chegar juntos ao território livre da paz, que está alhures, à nossa espera.

Rebelar-se contra o medicamento prescrito para nossas mazelas resulta inevitavelmente em agravá-las. A lei está sendo, em tais oportunidades, generosa e compassiva, nunca mesquinha, dura, insensível ou vingativa. O que ela está fazendo é oferecer-nos a tão sonhada oportunidade de recuperação, de refazimento, de purificação, pela qual, paradoxalmente, ansiamos.

É certo que são severas, muitas vezes, as provações e sofrimentos impostos sob essa forma. Conheço alguns casos desses, dos mais difíceis, e estou convencido de que o leitor, também, se rebuscar a memória, há de encontrá-los.

Um caso, em especial, deixou em mim profunda impressão.

O menino nasceu aparentemente perfeito, mas logo se verificou que tinha apenas vida vegetativa. Não andou, não falou, jamais saiu do leito, ou melhor, dos leitos, pois viveu mais de três décadas. Viveu? – você perguntará. Sim, viveu, embora aprisionado em um corpo sobre o qual nenhum controle exercia: movimentava apenas os olhos, profundos e assustados. Nos raros momentos em que conseguia cochilar, parecia mergulhar em alucinantes pesadelos, dos quais despertava em pânico, como se corresse a abrigar-se no corpo que, para ele, era a bênção do refúgio, não apenas o poste de dor ao qual estava amarrado.

Era também ali, junto daquele corpo de morto-vivo, que ele encontrava a infalível presença de sua devotadíssima mãe. Um dia ela partiu, vitimada por inesperada complicação orgânica. Meses depois, ele também se foi. Libertavam-se ambos, tanto o prisioneiro quanto a doce companheira que amarrou seus próprios pés com as mesmas correntes que prendiam o filho àquele corpo precário. Jamais se ouviu dela uma queixa, um gesto de desalento, uma palavra de revolta, uma expressão de cansaço. E ainda foi antes dele, para esperá-lo do lado de lá!

Talvez um dia venhamos a saber um pouco da dramática história que se agitara, em outras eras, por trás de toda aquela concentrada dose de sofrimento, mas ainda que me fosse dada a oportunidade, jamais desejei conhecer esse drama. Foi a história de uma dor, vivida com serena dignidade e amor, e por isso credora do nosso melhor respeito e da mais profunda admiração.

Podemos imaginar que o espírito daquela mãe tivesse algum compromisso a resgatar junto do prisioneiro. É até possível que ela tenha sido a causa de sérios transviamentos morais dele, em algum remoto passado. Ou, então, como também acontece, tenha aceitado espontaneamente a duríssima tarefa apenas para servir e ajudar alguém, a quem ela amou e ama, a dar os primeiros passos para fora do atoleiro.

Como disse, não sei de suas histórias, senão aquilo que testemunhamos aqui, do lado de cá da existência. Estou certo, porém, de que se nos encontrarmos por aí com o luminoso espírito de uma mulher serena, é bem possível que estejamos na presença daquela mãe dedicada.

Dizia o Cristo, com a razão que tem em tudo quanto nos legou de sua sabedoria inesgotável, que é fácil amar os amigos, difícil é amar os inimigos; e é precisamente isto que precisamos fazer. Por extensão, podemos dizer que é fácil amar aos belos, aos inteligentes, aos sadios, mas, como também dizia o Cristo, são os doentes que precisam de médico. E muitas vezes a doença da alma ocorre exatamente naqueles que dispõem dos mais belos corpos e das mais lúcidas inteligências. É que beleza e inteligência, tanto quanto poder ou riqueza, são testemunhos, são testes, são até provações que nos experimentam, com o objetivo de verificar se já estamos suficientemente amadurecidos para identificar com segurança os valores permanentes da vida e aqueles que são apenas expressões da transitoriedade fugaz do brilho falso. Mas, não apenas isso, e sim para que, identificados uns e outros, tenhamos a sabedoria e a coragem de fazer as corretas opções.

Lembro, neste contexto, outro caso que, aliás, contei resumidamente alhures.

O menino nascera em família de confortável *status* social e econômico, de um jovem e belo casal culto e inteligente. Era até um bonito menino, de boa aparência física, mas também sem o necessário controle sobre o corpo. Disseram-me pessoas da família, que me procuraram para conversar sobre o assunto, que a criança tivera o cérebro danificado ao nascer, por causa de um sufocamento que tardou mais do que deveria, ao ser clinicamente socorrida. Recuperadas a respiração e a vida, o cérebro apresentava problemas irreversíveis. Além do mais, a tomografia revelara exígua massa cerebral, suficiente para que o poderoso computador vivo pudesse funcionar com um mínimo de condição, mas não com uma parte decisiva de seu potencial.

Um detalhe era particularmente dramático: o avô, competente médico, embora não responsável pelo parto, nada pudera fazer, a tempo, para salvar o neto, com o que se sentia profundamente deprimido.

É esta uma situação que suscita muitas perguntas angustiante: por quê? Por que *meu* filho? Ou *meu* neto? Por que não foi possível fazer alguma coisa a tempo? Como poderia ter sido prevenido ou evitado o funesto acidente? De quem a culpa?

Perguntas até respondíveis, algumas, mas em que poderiam contribuir tais respostas para uma desejada modificação na situação?

Consultados a respeito – dado que a família se mostrou desejosa de uma orientação que, pelo menos, os levasse a melhor entendimento das coisas –, nossos amigos espirituais concordaram em trazer-nos alguns esclarecimentos e palavras de consolo e orientação.

Segundo eles, pai, mãe e filho constituíram, em passada existência, componentes de um triângulo amoroso. A jovem e um dos rapazes estavam já com o casamento acertado quando ela se apaixonou pelo outro, atual pai da criança deficiente. No precipitado impulso, em momento de desatino, o jovem preterido atirou-se por um despenhadeiro abaixo, danificando de maneira grave precisamente seu cérebro físico. O atual avô, que era então seu pai, tudo fez para salvá-lo, mas não o conseguiu, ficando marcado por profunda mágoa, pois muito amava o filho e nele depositava grandes esperanças. Quanto à moça, uniu-se, afinal, ao jovem de sua escolha.

Na inexorável simetria e precisão das leis divinas, o trio acabou marcando novo encontro para esta existência. Programaram os dois novamente casar-se e receberem o que outrora fora rival do rapaz e noivo rejeitado da moça. A lei concedia, dessa maneira, aos pais, a oportunidade de restituir a vida física àquele que a perdera por causa da rivalidade amorosa. O noivo abandonado, por sua vez, cometera o grave erro de suicidar-se, danificando irreparavelmente o mais importante dos centros vitais – o cérebro físico, com as inevitáveis e consequentes repercussões no sistema perispiritual.

Ao que tudo indica, mesmo que não houvesse ocorrido nenhum incidente no parto, a criança teria sérias lesões ou deficiências cerebrais, o que a condenava a uma existência senão totalmente vegetativa, pelo menos obstruída por severas limitações físicas e intelectuais.

De qualquer maneira, era inevitável que ele constituísse pesado encargo para os pais, além do sofrimento regenerador que a si mesmo impunha, como prisioneiro de um corpo deficiente, por ter, impulsivamente, rejeitado a oportunidade que lhe fora concedida, da vez anterior, em corpo normal e saudável. Podemos ir até um passo mais atrás, onde, certamente, teríamos observado que, em outra existência, ainda mais remota, alguma falha de comportamento pusera-o na condição de ser rejeitado pela noiva em favor de um rival.

Nada disso ocorre por mero acaso. Não somos encaminhados para a existência na carne programados para o suicídio, o assassínio, o crime em geral. Viemos para progredir, para testar nossas resistências e conquistas, precisamente em situações estressantes, que nossos equívocos anteriores criaram para nós. Em outras palavras, não era preciso matar-se porque perdeu a noiva. Poderia ter reformulado sua vida, pois é certo que aquele incidente específico da rejeição por parte dela não era uma certeza e, sim, uma possibilidade, um teste a mais, se ocorresse, como ocorreu.

Dessa maneira, em vez de resgatarem, os três, alguns equívocos perfeitamente sanáveis, complicaram-se ainda mais, no envolvimento com as leis.

Este caso apresenta uma peculiaridade inesperada. É que os amigos espirituais que nos trouxeram a mensagem orientadora mantiveram com o espírito da criança uma entrevista, dado que, obviamente, fora do corpo deficiente, que lhe impunha severas limitações, ele era perfeitamente lúcido. Reconhecia seu grau de envolvimento no problema e lamentava todo aquele cortejo de aflições, mas estava disposto a levar a bom termo sua parte da provação. Pedia que se acostumassem a tratá-lo com naturalidade, sem se afligirem mais do que o razoável com suas deficiências. Queria, tanto quanto possível, participar da vida que se movimentava à sua volta. Preso ao corpo, sentia-se pressionado pelo desalento da solidão, uma vez que se isolava, ao mesmo tempo, dos encarnados e dos desencarnados. Que falassem com ele, sempre que possível. Ainda que sem poder expressar-se, *ele era capaz de entender o que lhe fosse dito*.

Por algum tempo perdi de vista a família, cujo drama tanto me tocara. Soube, um dia, que o menino havia morrido. Oro por ele e espero que esteja bem agora, de volta ao mundo do espírito, a fim de preparar-se para retornar, não se sabe quando, onde e em que circunstâncias, para dar prosseguimento à sua tarefa de viver e evoluir, rumo à perfeição que a todos nós aguarda. A paz se encontra mais à frente, logo ali, para aqueles que muito lutaram a boa luta em busca do equilíbrio, e um pouco mais além, para aqueles que ainda não entenderam que, como há pouco dizíamos, a lei divina é mansa correnteza que nos leva para a imensidão do oceano luminoso da paz. É bastante abandonarmo-nos a ela, sem resistir-lhe insensatamente, no inútil esforço de subir o curso das águas em vez de descer com elas para as planícies e, eventualmente, para o mar, onde tudo se aquieta.

Não nos preocupemos em escalar os cumes para mostrar que somos grandes, mas, sim, com a doce alegria do amor eterno que ilumina as planuras da vida, onde ninguém é grande nem pequeno, porque todos são puros e felizes.

Que lição, então, nos fica deste capítulo? Simples de entender e, ao mesmo tempo, reconhecidamente difícil de se por em prática: a de que filhos deficientes são também filhos de Deus, como nós, pessoas com as quais nos desavimos no passado e que nos incumbe recuperar para o amor fraterno. Não para que deles nos livremos para sempre, mas a fim de que, juntos, sigamos rumo à felicidade. Como costumo dizer aos espíritos com os quais dialogamos, não podemos afirmar que isso é fácil, o que asseguramos, convictamente, é que é *possível*. E *necessário*, *indispensável*. Não importa muito por onde passa o caminho, o que importa é que ele nos leve à soleira da sonhada paz, nossa por direito inalienável de herança.

Nota suplementar:

Os capítulos de livro (pelo menos deste), como certas cartas, têm, às vezes, o direito e necessidade de P. S. (*post scriptum*, como diziam os latinos). Este capítulo é um deles. É que as histórias, como a vida, são intermináveis, porque se renovam a cada momento, na deslumbrante riqueza de variações em torno de si mesma.

Decorrido algum tempo após a morte do menino, nossos amigos espirituais me perguntaram se seria do meu interesse conversar com ele. Como iria eu recusar tal oportunidade?

Certa noite, após concluídos os trabalhos regulares, o espírito que eu conhecera encarnado no bebê deficiente assumiu discretamente os mecanismos de comunicação da médium. Sua primeira palavra foi de reconhecimento e gratidão por tudo quanto tentáramos – sem muito êxito, admito – junto dos seus. É muito difícil convencer a pessoas espiritualmente despreparadas para tais situações de que está tudo certo nas imutáveis leis da vida e que a palavra de ordem aqui é *aceitação*.

Quanto a ele, estava em paz, tão lúcido quanto possível àquele que ainda não se desembaraçara de todo o envolvimento com as substâncias mais densas que constituem nosso instrumento de viver e, naturalmente, com os problemas da vida que mal terminara. Sua visão retrospectiva podia, agora, penetrar mais fundo e buscar mais distante, no tempo, as motivações que compunham seu quadro de experiências.

Lamentava o suicídio desastroso, que compreendia como gesto de rebeldia, de tão trágicas consequências. Acrescentava que teria tido certos atenuantes (demorou-se um tanto na escolha da palavra, que reconhecia inadequada) se, pelo menos, não tivesse sido vitimado por uma pesada dosagem de ódio, especialmente pela jovem que, a seu ver, o traíra, preterindo-o ao outro. Além do mais, podia ver, agora, a lamentável inutilidade de seu gesto desesperado, ao saber que outra mulher lhe estava destinada. E que a esta ele amava de fato, não com os impulsos da paixão, como à outra, mas com as ternuras do amor. A rejeição teria sido apenas desagradável incidente, pelo qual ele teria mesmo de passar, por causa de compromissos anteriores. Nunca, porém, a lei programa suicídios e tragédias.

Seja como for, ficaram as lições de todos esses episódios dramáticos. Estava ele informado de que, na próxima existência, não estará mais sujeito à deficiência física que, desta vez, deixou-o literalmente prisioneiro de um corpo, através do qual não lhe fora possível expressar-se. Resgatara, pois, o grave compromisso do suicídio, sempre encarado pela lei maior como um gesto de rebeldia e inconformismo.

O mais importante para ele, contudo, era o fato de haver se libertado do rancor que nutria por aqueles que, de certa forma, contribuíram para seu aflitivo gesto, embora reconhecendo que a responsabilidade pelo suicídio fora inteiramente sua.

Deu, sobre isso, inequívoco testemunho:

– Se lhe for possível – pediu ele –, diga àqueles que foram meus pais que eu os amo.

Confirmando suposição minha, esclareceu que sua deficiência física nada tinha a ver com a imperícia médica no momento do parto. Seu cérebro seria inadequado, ainda que tudo houvesse corrido normalmente.

– Já imaginou você – perguntou-me ele – como foi difícil repor o cérebro danificado pelo suicídio, com um mínimo de condições para funcionar?

O dano causado ao corpo físico pode até ser considerado irrelevante, porque ele fica na terra e se desintegra. Graves mesmo são as repercussões no sistema perispiritual.

Outro aspecto me ficou também bastante claro. É compreensível que os pais de uma criança deficiente se sintam como que inadequados e até responsáveis ou culpados pela geração de seu corpo, como se todo o processo fosse resultante de um fracasso pessoal do casal. Foi, aliás, o que pude detectar, no contato pessoal que tive com a família. Como se perguntassem a si mesmos: como foi possível a pais tão belos e fisicamente perfeitos como nós gerar uma criança em tais condições? Daí, talvez, a tendência a atribuir a causa ao incidente clínico.

Na realidade o sentimento de culpa subjacente não tinha aí suas raízes, mas no drama da rejeição suscitado pelo noivado desfeito, em passado remoto, que ainda repercutia na memória inconsciente das pessoas envolvidas.

Podia-se, ainda, perceber que ele ficara magoado com a moça, não tanto com o jovem que o substituiu no coração dela. (Teria sido impressão minha, ou seria mesmo fato que eu percebera no jovem pai uma ternura espontânea pelo bebê deficiente?)

Uma palavra a mais: a médium, através da qual ele falou comigo, viu-o e o descreveu como um belo jovem, de tranquila aparência. Era óbvio que se sentia feliz e disposto a recomeçar a vida no ponto em que ela fora transformada.

Disse-me ele que cogitara, há pouco, de renascer para nova experiência na Terra precisamente como filho daquela que fora (e é) seu verdadeiro amor e com a qual estava destinado a casar-se na outra existência. Mas isso a lei vedava, pois ela possui seus dispositivos complacentes, mas severos.

Em suma, a convivência com os amores ficou adiada até que tudo isso se ajuste, como Cristo ensinou.

Ao despedir-se, emocionado, como eu próprio estava, reiterou seus agradecimentos por tudo o que se tentara fazer junto dos seus. Parecia convicto de que tais esforços não foram muito bem sucedidos. Há sementes que custam mais a germinar do que outras, mas todas produzirão alguma forma de vida renovada sempre que conseguirem romper as barreiras existentes entre o que Aristóteles chamou de *potência* e *ato*. Em muitos de nós, o amor é ainda potência; em outros, já germinou e transformou-se em ato.

20. Dramático depoimento de um espírito

TEMOS FALADO MUITO, NESTE livro, das programações elaboradas no mundo espiritual para cada vida que reiniciamos na Terra. Tais projetos envolvem complexidades que mal podemos imaginar, tais como pesquisas do passado, avaliação de possibilidades futuras, identificação e localização de pessoas com as quais devam ser negociadas futuras atividades, atento exame de condições sob as quais os espíritos programados para uma tarefa coletiva tenham de renascer, como deverão ser encaminhados, que tendências estimular, desestimular ou combater, que virtudes enfatizar, que erros corrigir, até onde poderão suportar pressões corretivas, que problemas devem "ficar para mais tarde", em outras existências. Enfim, é um mundo de imponderáveis, de incertezas e de probabilidades, nas quais inúmeras variáveis são postas em discussão e avaliação, a fim de armar-se um esquema viável dentro do possível, ainda que nem sempre o ideal.

No entanto quantas vezes, depois de tudo equacionado e montado, os espíritos vêm para a carne e deixam de cumprir a parte que lhes toca e tudo se desarma de novo!

Não obstante tais especulações mais ou menos teóricas serem da maior utilidade, minha preferência sempre se dirige para a abordagem prática, experimental, a experiência vivida e sentida, que nos proporciona exemplos concretos, colhidos na vivência de cada um. Entendo mesmo que só se aprende a viver vivendo, e não teorizando sobre a vida.

Por feliz entrelaçamento de circunstâncias, muitas e preciosas oportunidades nos foram concedidas, ao longo dos anos, de 'ver' desdobrarem-se ante nossa atenta observação exemplos vivos dessa desconfortável realidade de que, dificilmente, conseguimos levar a bom termo, na carne, com a precisão e na extensão e profundidade desejadas, a tarefa planejada no intervalo que vai de uma vida à seguinte.

Em uma oportunidade específica, contudo, um companheiro espiritual que acabava de despertar de longo pesadelo de equívocos seculares abriu para nós todo um riquíssimo acervo de experiências e observações maduramente meditadas e, confesso, inesperadas, honestas, comoventes, na sua impressionante sinceridade.

Como disse, vinha ele de um longo período de graves equívocos, através de muitas existências sacrificadas às suas paixões desencontradas. No que não está sozinho, infelizmente, pois esta tem sido, praticamente, a regra para quase todos nós, até que uma espécie de terremoto íntimo nos sacode as raízes do ser e, então, nunca mais seremos os mesmos.

O que se lê a seguir é, pois, um resumo comentado do que ele nos relatou naquela noite.

– Às vezes – começou ele – os compromissos perante a lei são tão sérios que os espíritos acham que não há mais como retornar sobre seus passos a fim de reconstruir seus destroçados mundos íntimos. Foram muitos os fracassos, no passado mais remoto e mais recente. É certo que em tudo isso há sempre alguém disposto a ajudar, mas também esse muitas vezes falha, como por exemplo a companheira que combina voltar para uma vida de dificuldades comuns. Ela promete fidelidade, que foi o ponto fraco, onde falhou mais gravemente. Monta-se um esquema que atenda aquele mínimo de necessidades pessoais; de volta à carne, porém, ela falha e volta a trair, movida por uma compulsão que ainda não aprendeu a dominar. E ele falha porque, uma vez mais, não consegue ser tolerante e compreensivo com as fraquezas alheias.

Esquemas programados para serem superados acabam gerando situações irreparáveis, criadas, de início, não a partir de *desentendimentos* propriamente ditos, mas de simples *mal-entendidos*, perfeitamente contornáveis. Bastaria, para isso, uma pausa, um momento de reflexão, a fim de tornar possível um debate sereno do problema, que não representa, naquela fase, nenhuma dificuldade intransponível. Em vez disso, exaltam-se os ânimos e complicam-se as coisas. Dificuldades superáveis viram impasses de relacionamento.

É que, por melhores que sejam as intenções que trazem os espíritos, uma vez no corpo, mergulhados atrás do denso véu da carne, parece que as tendências negativas são reativadas e potencializadas e voltamos a cometer os mesmos enganos e a excitar o mesmo tipo de paixão que viemos precisamente para combater e dominar. A ânsia de poder é uma dessas resistentes *infecções* espirituais que parecem contaminar vidas para as quais as melhores providências de assepsia mental foram tomadas. Renascemos para aprender a dominar a nós mesmos e voltamos a ceder ao impulso de dominar os outros.

Os problemas começam a ser suscitados ante as situações-teste, em grande parte porque esquecemos, na carne, a programação feita ou porque nos ficam, na memória de vigília, apenas vagos e imprecisos traços.

– Diziam-me coisas que, de alguma forma, eu *sabia* que eram corretas (ou erradas) – confessou-nos aquele companheiro espiritual –, mas eu não sabia precisamente *por que* o eram.

Muitos se queixam desse esquecimento e até lhe atribuem a culpa e a responsabilidade pela reiteração no erro, mas o que a lei deseja é que a gente aprenda a lição do bem, dentro de nossos próprios recursos, iniciativas e disposições, ante as várias alternativas que se oferecem à nossa livre escolha. Precisamos provar a nós mesmos que, postos diante de tal ou qual situação, começamos a ter condições para decidir pela melhor alternativa, não porque nos lembramos de um compromisso assumido e *temos* de acertar, ou porque *temos obrigação* de conciliar-nos com este ou aquele adversário de outras eras, mas porque estão se formando em nós as estruturas do bem, que irão servir para todas as situações futuras.

O problema consiste em que, trazendo ainda mais ou menos intactas persistentes matrizes do mal, a que nos acostumamos, nosso programa de vida começa, imperceptivelmente, a desviar-se. Antigos comparsas insistem em arrastar-nos de volta ao crime, aos desatinos dos sentidos, à bebida ou à irresponsabilidade. Faculdades de inteligência ou mediúnicas, de que somos dotados, são desvirtuadas porque representam formas de poder que ainda não aprendemos a utilizar para servir e, sim, para dominar e oprimir, a fim de sermos servidos e incensados. É que tais recursos, que a lei nos proporciona como instrumentos do progresso, atraem um séquito de admiradores fascinados, que de certa forma desejam partilhar das regalias que o poder sempre tem condições de proporcionar àqueles que o exercem. Acresce que se torna mais fácil encontrar aquele que reacende em nós antigas paixões, que estão apenas adormecidas sob as cinzas, do que o companheiro mais experimentado e consciente, que se torna desagradável e é rejeitado porque nos recorda deveres e sugere renúncias que não estamos ainda dispostos a praticar.

Costumo, em situações como essas, lembrar que sempre nos fica a alternativa de buscar nos evangelhos as inspirações de que necessitamos para encontrar o rumo certo e nele nos mantermos. Mas, quem quer saber de evangelho, a essa altura? Só se for para combatê-lo.

Mesmo porquê, assegurou-nos esse companheiro espiritual, o combate ao evangelho é recurso do desespero. Não é porque ele é falso, como ficou dito alhures, mas porque é verdadeiro. – O mal – disse ele – contemporiza e se acomoda; o evangelho, não.

Daí ser, aparentemente, tão cômodo a esses espíritos desarvorados partirem para a tentativa de criar um mundo à parte, onde as leis de Deus possam ser esquecidas ou desobedecidas, pelo menos por algum tempo. Criado esse bolsão de rebeldia e irresponsabilidade, muitos são os que a ele acorrem para viver a plenitude de suas paixões e de seus desatinos. Sabem que a tentativa é utópica e somente pode gerar mais desacertos, em vez de atenuar os que já se alojam, há tantos séculos, na consciência anestesiada, mas não extinta. Mas quem irá convencê-los de que estão apenas tentando a impossível fuga de si mesmos?

Qual a motivação de tudo isso? Uma só: o medo da dor. Todos que ali estão, hipnotizados por uma filosofia inviável de vida, sabem que, um dia, terão de ajustar contas com a harmonia cósmica perturbada, mas, pelo menos enquanto estão por ali, vivem suas fantasias e alienações. Sabem perfeitamente bem que o território da paz vai ficando cada vez mais distante e de difícil acesso, pois o caminho que leva até lá passa por pantanais e espinheiros, sobe rochedos ameaçadores, atravessa a aridez dos desertos e se precipita em tenebrosos desfiladeiros, mesmo porque temos de voltar pelo mesmo caminho que percorremos na 'ida'...

– Fomos valentes para errar – acrescenta o amigo, em seu catártico depoimento –, mas somos covardes para enfrentar as consequências do erro.

Há, por outro lado, um agravante nesse processo. Retornamos a um mundo onde é muito mais fácil e atraente deixarmo-nos levar pela acomodação com o equívoco do que resistir ao envolvimento e viver com bravura uma existência, senão austera e severa, pelo menos razoavelmente decente e contida.

Esse envolvimento sutil do mal atinge também instituições devotadas, em princípio, à difusão de doutrinas autênticas, ao trabalho redentor, à prática do amor ao próximo, porque também elas, as instituições, são dirigidas por seres humanos imperfeitos, quase sempre interessados na busca da projeção e do mando, mais do que no aperfeiçoamento de indivíduos e de coletividades. Isso é válido para as grandes religiões, quanto para as inúmeras seitas que hoje proliferam pelo mundo afora.

Por isso combate-se insensatamente o exercício da mediunidade limpa, ativa, nosso canal de comunicação com os companheiros de jornada evolutiva que moram do lado de lá da vida. Ou desvirtua-se sua prática. Dentro de movimentos voltados basicamente para o trabalho do amor, do esclarecimento, da assistência material e espiritual, implanta-se sutilmente o gosto pela ciência, pelo fenômeno, pelas fantasias psicografadas, que acarretam desvios e retardamentos para os que desejam adiar seu encontro com a Verdade.

E assim espíritos profundamente desajustados, desarvorados mesmo, assumem, subrepticiamente, posições em que figuram como *mentores* ou *guias* espirituais, consultados a cada passo e ouvidos com verdadeira unção e devoção beata.

Não que tais espíritos sejam despreparados ou ignorantes. Ao contrário, são muito inteligentes e experimentados, pela vivência de incontáveis experiências na Terra e no mundo espiritual. Além disso, dispõem de profundo conhecimento das leis divinas, que colocam, em tudo quanto lhes for possível, a serviço de suas paixões. E mais, conhecem o suficiente dos mecanismos da psique humana para saberem onde tocar, que sentimentos movimentar, que atitudes assumir para obter apoio, suscitar interesse e capturar a atenção servil dos incautos e vaidosos. Eles conhecem as motivações de cada um, sabem de suas histórias pregressas, dos seus vínculos de compromisso com este ou aquele ser ou episódio. Fica fácil, por isso, manipular tanta gente, manobrar influências, promover encontros desejáveis e articulações verdadeiramente maquiavélicas.

– Se falo do evangelho – disse o espírito –, sou ouvido com aparente atenção e respeito, mas com mal disfarçado enfado, mas se lhes digo que são maravilhosos, inteligentes, devotados e que os aguardam as glórias da santidade, todos me acham excelente e se deixam levar docilmente.

Há, pois, um perigoso desequilíbrio de forças que se opõem, uma vez que a maioria ainda está do lado negativo, puxando a corda com toda a força de seus temores e o empuxo de suas paixões negativas.

– Que adianta – pergunta ele, desalentado – renascer num mundo desses, no qual apenas inexpressiva minoria está realmente empenhada em melhorar?

Eis aí uma dura e crua realidade dentro da qual renascem hoje nossos filhos e netos. Que programas trazem? Que decisões? Que fraquezas? Que traços mais fortes e consolidados na personalidade? Que tipo de experiências? Que correções pretendem fazer?

O que podemos nós fazer para ajudá-los, evitando que sejam novamente arrastados para mazelas que vieram precisamente para eliminar das suas estruturas psicológicas e éticas?

21. A menina que chorava na calçada

NUMA DESSAS MANHÃS ensolaradas de domingo, saímos para a habitual caminhada pelas ruas mais tranquilas do bairro em que moramos. Logo ali em baixo, a uma quadra de distância, chorava uma menina na calçada. Não tinha mais que três ou quatro anos, era bonita e estava bem vestidinha, como se acabasse de se aprontar para um passeio. A poucos passos dela um jovem senhor contemplava-a, amargurado. Não era um choro escandaloso, birrento e malcriado, o dela, mas pranto sofrido, vindo de um sofrimento maior e mais profundo que se mostrava no seu olhar angustiado.

A dor da querida e desconhecida irmãzinha doeu em mim também. Antes que desse conta do que fazia, aproximei-me dela e coloquei minha ternura de avô em algumas palavras de solidariedade e consolo. Por que razão estaria chorando aquele ser que apenas reiniciava suas experimentações com a vida? Não quis ser indiscreto, nem invasivo, dado que todos nós temos direito à privacidade, mas o jovem fez, voluntariamente, um comentário sucinto: a menina queria que a mãe também fosse com ela. Não me caberia perguntar mais nada e nem precisava. Desenhou-se logo todo o quadro.

Papai e mamãe estavam, certamente, separados. A justiça decidira que papai ficaria autorizado a vir buscá-la aos domingos para passar o dia com ele. Teria ele outra companheira? Ou mamãe estaria de marido novo? Não sei. Para a menina que chorava na calçada, eles continua-

143

vam sendo papai e mamãe, só que, agora, separados. Falavam pouco ou nunca, um com o outro, mal se olhavam, pareciam inimigos. Mal começara a vida para ela e já as coisas mudavam de maneira brutal, no seu pequeno universo pessoal. De repente, ficaram confusas e incompreensíveis. Por exemplo: por que razão mamãe não podia ir com ela passar o dia com papai?

Às vezes bem que a gente gostaria de fazer umas mágicas, como naquelas antigas histórias de fadas. Como a de reunir aquele triângulo, mãe, pai e filha. Mas isto importava desfazer outro triângulo, mamãe, papai e a 'outra', ou, quem sabe, papai, mamãe e o 'outro'. Ou, então, pegar aquela criança ao colo e levá-la para uma terra onde ninguém se separasse de ninguém. Mas isso eu não podia fazer e ainda que pudesse, não o faria, sem interferir no livre-arbítrio de cada uma das pessoas envolvidas. Tratava-se de um drama pessoal com várias pontas espinhentas que machucavam a todos, especialmente a sofrida menina que queria levar consigo a mãe naquele passeio de domingo de sol.

Só me restava seguir meu caminho e vê-los seguirem o deles. Seja como for, levei comigo um pouco daquela dor e deixei com a criança confusa uma vibração de ternura. Levei mais que isso, um tema para meditar.

Vindo de casamentos duradouros, minhas matrizes de avaliação de certas situações da vida encontram-se – reconheço-o honestamente –, talvez desatualizadas e inservíveis para muita gente. Mãe e pai, sogra e sogro só se separam pela morte. Ao escrever estas linhas, minha própria união já passou pelo marco número 50. Não posso, obviamente, responder pelos nossos antepassados; quanto a nós, contudo, sim, houve problemas de relacionamento ao longo do percurso. Quem não os tem? Ademais, estamos aqui precisamente para esmerilhar arestas, corrigir desafeições, ampliar afetos, cultivar entendimentos, pacificar antigos rancores, testemunhar dedicações e devotamentos. Se no primeiro ou no segundo embate, ou no centésimo, damos o processo de ajuste por encerrado, estaremos apenas adiando para não sei quando e onde e como, a oportunidade da paz. É que as harmonias da paz a gente não consegue comprar na farmácia, ou no supermercado – é trabalho lento e difícil para uma vida e até mais. Exige compreensão, tolerância e renúncia. O lar é um ponto de encontro, o momento cósmico é aquele, as condições estão ali criadas para que tudo dê certo e, se cada um tiver que tomar diferentes rumos após o trabalho da conciliação, partirão todos como amigos que apenas se despedem por algum tempo, com encontros marcados no futuro, para dar prosseguimento aos projetos em comum, e, portanto, para novas etapas evolutivas, dado que somos todos companheiros de viagem. Não adianta a gente abandonar de repente a tarefa do entendimento ou da convivência para seguir sozinho, mesmo que se esteja em condições de fazê-lo. Vai faltar alguma coisa no futuro. Alguma coisa que a gente deixou de fazer quando tinha tudo para concretizá-la.

Uma entidade espiritual contou-nos, a respeito disso, uma historinha ilustrativa. Ela – uma mulher – vinha caminhando com um companheiro de jornada evolutiva. A certa altura, precisavam dar um passo decisivo. Figurativamente, pararam ambos a uns poucos passos de um portal que prenunciava nova etapa de realizações e progresso, dado que percebiam luzes brilhando lá adiante. Houve um momento de confabulação, pois ele relutava em seguir adiante. Acabaram separando-se. Ele ficou e ela foi em frente. Sofria, agora, por não ter insistido um pouco mais ou, quem sabe, ter permanecido com ele por mais algum tempo, até que ele se decidisse a acompanhá-la. Não o fez e, daquele momento em diante, cada um seguiu sua própria rota. Ela nos contava agora, em pranto, o desacerto da decisão. Perderam-se de vista por muito tempo. Ela caminhou um bom trecho pelos caminhos da luz, mas ele demorou-se pelos seus próprios espaços, provavelmente, porque não estavam mais juntos para negociar com a vida a estratégia da paz.

– É como se você tivesse, lá no futuro – contou ela –, um valioso tesouro guardado num cofre à sua espera. Você chega primeiro, mas o cofre só poderá ser aberto com duas chaves e você tem apenas a sua; a outra está com a pessoa que ficou para trás. Ou você a espera ou tem que ir buscá-la, para terem, juntos, acesso ao tesouro.

A história daquela irmã ficou em mim como uma parábola. Será que não estamos sendo impacientes demais com os companheiros de viagem? Será que um pouquinho mais de tolerância e compreensão não teriam evitado os desacertos?

A família é a nossa universidade. Ou saímos dela diplomados, com mestrado ou PhD concluídos, prontos para as conquistas pessoais, ou dela nos retiramos precipitadamente interrompendo o curso das esperanças. Tanto quanto pude apurar, na pesquisa feita para escrever a parte que me coube no livro de Deolindo Amorim, ainda não se chegou, após vários milênios de experimentação, a um modelo melhor de célula social do que a família. E posso garantir que não faltou experimentação. Tentou-se de tudo, numerosas fórmulas e processos foram testados, mas o modelo antigo resistiu. Se agora as coisas não estão dando certo, acham os entendidos que a falha não é do modelo, mas das pessoas.

Como não sou especialista do ramo, prefiro não entrar na discussão, o que não significa, de modo algum, que deixe de ter minha opinião a respeito. Tenho-a e muito nítida. Acho que se jogou fora a fórmula antes de ter uma que a substituísse com vantagens, se é que um dia a teremos. Penso mais ainda: que a falência do sistema começou a partir do momento em que se separou sexo para um lado e amor para outro. Vejo nessa dicotomia amor/sexo a projeção, no plano em que vivemos, de outra dicotomia mais ampla, ou seja, matéria e espírito, na qual o amor é atributo da entidade espiritual e o sexo instrumentação meramente biológica, a fim de assegurar a todos renovadas oportunidades de reencarnação. Juntos, realizam a tarefa da continuidade da vida na carne, ao passo que a separação deles cria turbulências imprevisíveis, porque, desligado do componente espiritual do ser o sexo recorre ao artifício da paixão, que, em vez de chama que ilumina e aquece, é labareda que consome e logo se extingue, em sombras.

Enquanto nossas paixões vão e vêm, ofuscam-nos e apagam, sofrem os seres que se dispuseram a conviver conosco, nesta dimensão. Conflitos entre pai e mãe, repercutem no âmago dos filhos, sopram-lhes temores aos ouvidos, criam para eles um clima de incertezas e insegurança, paralisam esperanças. Eles precisam de ambos para levar a bom termo o projeto de vida que lhes cabe implementar. Alguns deles vêm para a aventura da vida terrena com o propósito de cimentar a união, reparando fraturas remanescentes de passadas disputas. A tarefa da conciliação constitui elevada prioridade para todos e, por isso, não há esforço ou sacrifício, tolerância ou compreensão que sejam demais. Se o preço parece excessivamente alto é porque a dívida é, igualmente, vultosa.

Se, porém, a despeito de tudo o que for dito, planejado e considerado, a ruptura ocorre mesmo, pelo menos que se faça tudo civilizadamente, sem rancores ou agressões, com um mínimo possível de dor para todos, mas, principalmente, para os filhos.

Estou dramático? Talvez. Apocalíptico? Não. É o que vemos nos paineis que a vida em sociedade vem exibindo nestes tempos difíceis. Se, por acaso, você me perguntar que tenho eu a ver com isso, um septuagenário já no poente da existência, poderei dizer das minhas razões.

Há uns poucos anos, numa das viagens aos Estados Unidos, fui convidado para fazer uma palestra a um grupo de pessoas interessadas nos enigmas e perplexidades da vida. Não que eu tenha soluções prontas e acabadas para as mazelas humanas, mas porque venho insistindo teimosamente, obstinadamente, em que está fazendo uma falta terrível à sociedade em que vivemos a visão da realidade espiritual. Em vez de nos vermos como espíritos temporariamente acoplados a um corpo físico, assumimos a identidade desse corpo, confundimo-lo com a nossa própria individualidade e estamos levando o espírito a reboque, como um traste inútil e que, além de tudo, estaria atrapalhando a plena realização da insensatez que parece instalada na memória coletiva. – Mas e daí? Por que a preocupação, se já está chegando a hora de você ir embora para essa dimensão cósmica da qual você tanto fala? – insistirá você. É simples, meu caro/minha querida. Esta não será, certamente, minha derradeira passagem pela matéria bruta. Terei que voltar para aqui de outras vezes, como também você. Ao retornar, em novo corpo físico, para mais uma existência, não me importa qual será a minha raça, cor, nacionalidade ou condição social. O que desejo, pretendo e peço a Deus é que tenha mãe e pai que se amem e que me amem. E que me proporcionem o apoio e o carinho de que vou necessitar até que possa recomeçar a exploração do mundo com meus próprios recursos. Foi o que disse aos americanos.

Não desejo, se isto for possível, ficar chorando em alguma esquina do mundo futuro, porque minha mãe não pode ficar junto de mim e de meu pai. Vou precisar deles, minuto por minuto, do amor que desejo que tenham por mim, tanto quanto do amor que tenham um pelo outro, por Deus e pela vida. Quero que me falem de Deus, me ensinem de novo a falar com ele, a vê-lo através das minhas lágrimas e a senti-lo em mim, nos momentos de harmonização cósmica. Como iria cumprir um programa desses numa sociedade que se esqueceu d'Ele, tanto quanto de si mesma, porque só cuida do momento que passa e do próximo prazer?

22. Não é preciso 'torcer o pepino'

MEU LIVRO *A MEMÓRIA E O TEMPO* começa com a narrativa de uma regressão de memória durante a qual a sensitiva descreve o procedimento adotado nos primeiros estágios da iniciação, no Antigo Egito. Os testes, que ela não apenas descreve, mas dos quais revela alguns segredos, serviam para proceder-se a uma avaliação preliminar do candidato. Se ele fosse aprovado, mesmo assim ficaria, por prazo indeterminado, sob observação atenta e competente, ainda que não ostensiva. Já ficara demonstrado que reunia algumas condições para o ensinamento superior, mas não bastavam as aptidões reveladas nas provas. Muito mais do que aquilo era exigido para que ele fosse admitido ao intenso aprendizado, que implicava severo regime disciplinar.

Vencida esta fase, ele era levado a uma câmara secreta, onde era submetido à regressão de memória. Habilmente orientado e interrogado, ele mergulhava fundo nos arquivos de sua memória integral, a fim de reunir os dados pessoais necessários ao seu programa de trabalho para a vida que tinha pela frente na Terra. Seus mestres e orientadores ficavam, dessa maneira, informados de traços predominantes de seu caráter, de faculdades desenvolvidas em existências anteriores, experiências que trazia do passado, tendências a corrigir, conhecimentos e recursos a expandir, tarefas a realizar, preferências por esta ou aquela atividade, compromissos assumidos no mundo espiritual, envolvimento pessoal com personalidades vivas, na carne, ou ainda na condição de espírito, e inúmeros outros aspectos semelhantes.

De posse de todos esses elementos, tornava-se relativamente fácil compor um quadro nítido da pessoa e do programa de trabalho que melhor lhe assentava, dentro de seus compromissos e objetivos pessoais e coletivos.

Nós, porém, pessoas comuns, vivendo uma época de tumulto ideológico, em que os grandes valores da vida são questionados e o conhecimento de aspectos transcendentais perderam-se ou foram aviltados, como devemos proceder para melhor encaminhamento de filhos, netos, parentes e amigos?

A verdade é que não dispomos de condições para fazê-lo tal como no Egito. E ainda que dispuséssemos (Há gente fazendo regressão de memória a tantos cruzeiros ou dólares por vida...), muitas regressões seriam realizadas em pessoas totalmente despreparadas, por outras igualmente sem preparo suficiente, e sem qualquer finalidade, senão a mera curiosidade (esta, sim, gratuita), apenas interessada em saber quem fomos no passado.

Como o leitor percebeu, a regressão no Egito somente era feita em pessoas que, comprovadamente, haviam demonstrado, nos testes de avaliação, condições suficientes e necessárias ao procedimento. Além do mais, a regressão tinha uma finalidade nobre e específica, qual seja a de levantar uma espécie de mapa psicológico, intelectual e ético da pessoa, a fim de ajudá-la a desenvolver, na vida terrena, atividades para as quais havia sido programada no mundo espiritual. E mais, em pessoas que houvessem demonstrado estar em condições de tomar conhecimento de eventos documentados na sua memória sem se perturbarem com as lembranças suscitadas.

Nada disso temos condições de fazer hoje, porque, embora recuperada a técnica da regressão em si, que não oferece dificuldade insuperável, não temos à nossa disposição aqueles seres excepcionais, mestres de profunda sabedoria, que manipulavam com notável competência e respeito os secretos arquivos da mente humana.

Por outro lado, o leitor pode estar pensando que, uma vez que nossos filhos renascem, via de regra, com tão rico acervo de experiências e conhecimentos, nada há que possamos ou precisemos fazer para ajudá-los. Nada disso. Podemos, sim, e como! E devemos fazê-lo, como vimos há pouco, páginas atrás.

Pelo fato de renascer em sua família um espírito como Beethoven, Einstein ou da Vinci, você iria cruzar os braços desalentado ou indiferente?

A verdade é bem outra. Em primeiro lugar, porque passamos todos, em maior ou menor extensão, por um período de recapitulação e reaprendizado, adaptação e preparo. Einstein renascido será novamente um bebê chorão, no qual a mamãe vai precisar trocar-lhe as fraldinhas, dar-lhe de mamar, ensinar-lhe os primeiros passos, repreendê-lo por uma ou outra manha e até, quem sabe, administrar-lhe oportunas palmadas, na região própria, na hipótese de uma rebeldia maior. É até possível que ele seja sujeito a pesadelos, por ter concorrido de maneira tão decisiva para que fossem produzidas as primeiras bombas nucleares.

Às vezes nasce, também, um Mozart, extremamente precoce, que mesmo aos quatro ou cinco anos de idade *na carne* consegue superar inibições e bloqueios físicos para expressar as maravilhosas concepções que traz no fundo do ser. Aliás, poucos fenômenos constituem evidência tão veemente da reencarnação como a precocidade dos gênios, que já vêm sabendo tudo o que precisam saber. São pessoas que, obviamente, trazem longa e consolidada experiência na atividade que começam a desenvolver, seja no campo das artes, das ciências, ou em qualquer outro. Alguém precisou ensinar estratégia militar a Napoleão? Pois ele não sabia disso desde que fora Alexandre ou Júlio César, pelo menos? Quem precisaria ensinar física a Einstein, que como Demócrito, na Grécia, já falava do átomo? Quem iria ensinar política a Rui Barbosa, que vinha de uma existência fecunda (e recente) como José Bonifácio de Andrada e Silva?

Seja qual for, porém, a grandeza e a experiência ou maturidade do espírito que vem renascer junto de nós, precisará sempre de apoio no período em que está promovendo os necessários ajustes no novo corpo que recebeu dos pais para viver na Terra. O ser humano tem uma longa infância, a maior de todos os animais. Um cachorro, com três anos, é adulto, tanto quanto um boi ou um cavalo. Os pássaros precisam apenas de umas poucas semanas; os insetos, de horas, ou, no máximo, de poucos dias. O ser humano com sete anos ainda é um infante indefeso que não tem nem como alimentar-se adequadamente se for abandonado aos seus próprios recursos. Com a crescente exigência de formação cultural para enfrentar os desafios da competição numa sociedade em crescente grau de sofisticação, ele, ou ela, somente estará pronto para o trabalho, em pé de igualdade com seus semelhantes, ao se aproximar dos 30 anos, ou além.

Enquanto isso ocorre, há toda uma estrutura de apoio, uma logística de desenvolvimento físico, moral, psicológico, cultural e social. A criança, mesmo genial, precisa ser orientada, encaminhada e corrigida em suas tendências de agressividade, por exemplo, ou de desleixo, preguiça e indiferença, tanto quanto estimulada a desenvolver faculdades incipientes que não exigem grande esforço de observação para serem identificadas. Os pais precisam estar atentos, observando com serenidade e, tanto quanto possível, sem que a criança se sinta estudada, pesquisada e vigiada como um bacilo ou cobaia de laboratório. O instrumento preferencial para essa busca é a conversa, a comunicação. Por isso recomendamos, logo de início, conversar com os bebês, mesmo na fase em que não têm condições para nos responderem da maneira que gostaríamos, ou seja, também conversando conosco. Pelo menos estarão sabendo o que pensamos a respeito deles e do mundo que nos cerca. Mais do que isso, porém, estaremos abrindo canais de comunicação com eles, tendo acesso ao pequeno cosmos individual que cada um de nós traz consigo.

A criança não é dotada de toda essa plasticidade que se proclama por aí, barro macio do qual podemos fazer aquilo que desejarmos. Há quem costume dizer que "é de pequeno que se torce o pepino". Mas não é bem assim que funcionam as coisas. Isso não quer dizer, contudo, que a criança deva ser abandonada às suas inclinações, quaisquer que sejam, ou, ao reverso, oprimidas ao ponto de ficarem sem espaço para movimentação de sua personalidade.

É claro que espíritos rebeldes, agressivos, dados à violência ou à crueldade, precisam ser reorientados através de um regime disciplinar sem exageradas severidades, mas firme. Fazer-lhes todas as vontades, realizar-lhes todos os caprichos e fantasias, achar uma gracinha todas as suas demonstrações de falta de civilidade corresponde a um processo de deseducação que irá contribuir para que se consolidem tendências negativas já em si mesmas de difícil erradicação.

Se me permite o leitor, poderemos ilustrar os aspectos teóricos desse jogo de interesses e tendências com uma historinha que você, se assim o entender, poderá tomar como fictícia. Tanto me impressionou esse episódio que escrevi sobre o tema um artigo, em inglês, publicado nos Estados Unidos, creio que em 1965, e o reescrevi, muitos anos depois, desta vez em português, para publicação no Brasil.

Convencido de que o compositor Felix Mendelssohn-Bartholdy fora a reencarnação de Wilhelm Friedemann Bach, um dos filhos do grande Johann Sebastian, estabeleci um paralelo entre as duas vidas, que ocorreram na Alemanha, com um intervalo de vinte e cinco anos entre elas. Ou seja, Friedemann morreu em 1788, aos 74 anos de idade, enorme talento esbanjado numa existência de indisciplina e desajustes; enquanto Mendelssohn nasceria em 1809, para morrer em 1847, com apenas 38 anos de idade.

O desenvolvimento dessa vida, como Mendelssohn, relativamente curta, parece indicar que sua tarefa específica consistiu mesmo em recriar condições para que a magnífica música de Johann Sebastian Bach fosse posta no lugar de honra e destaque que lhe era devido. É que Wilhelm Friedemann tratara com lamentável descaso a obra de seu genial pai, e muito contribuiu para que ela fosse logo esquecida, mesmo porque originais de importantes partituras se perderam por sua culpa, algumas para sempre.

Um espírito assim, tão generosamente bem dotado, porém bastante irresponsável e indolente, desordenado e rebelde, certamente precisa de pais amorosos, compreensivos e dedicados, mas que sejam, também, severos disciplinadores. Foi o que aconteceu a Felix, que renasceu em família rica, harmoniosa, inteligente e culta. Tanto seu pai Abraham como sua mãe Lea Salomon demonstraram raro equilíbrio emocional entre a severidade disciplinar para com os filhos e um excelente relacionamento de compreensão e amor.

Submetidos a esse regime disciplinar, contando com o apoio financeiro e amoroso dos seus, Felix pôde desenvolver seu vasto talento, com uma precocidade segura de quem já viera sabendo de tudo aquilo.

Tenho minhas dúvidas de que ele houvesse conseguido realizar tanto, em apenas trinta e oito anos de existência física, não fosse aquele maravilhoso grupo de amigos espirituais entre os quais renasceu. Um firme regime de disciplina, portanto, é perfeitamente compatível com um relacionamento amadurecido, afetuoso e criativo. Às vezes até parece que o grande Bach, do mundo espiritual, ajudava a supervisionar seu trabalho e até escrevia música pelas mãos de Felix, como se pode inferir ao ouvir a belíssima introdução da Terceira Sinfonia, denominada *Escocesa*, uma homenagem a Mary Stuart.

Posso acrescentar uma nota, na qual também não exijo que o leitor acredite: encontrei Wilhelm/Felix reencarnado novamente, desta vez no Brasil. O imenso talento e a apurada sensibilidade continuam lá, no seu espírito, mas como não conseguiu dominar de todo as tendências dispersivas do passado, não se realizou, desta vez, como seria de esperar-se de seu magnífico potencial. Recaiu na antiga fase de indisciplina mental e segue pela vida a esbanjar talento, indiferentemente, tanto quanto nos tempos em que era Friedemann.

É lenta, sem dúvida, nossa caminhada evolutiva, e embora o espírito não regrida, como nos ensinam os que sabem de tais coisas, podemos ter *recaídas*, quando as conquistas espirituais ainda não estão bem consolidadas. Com o que voltamos a cometer o mesmo tipo de equívoco, do qual já de há muito poderíamos estar livres se exercêssemos um pouco mais de autodisciplina.

Não digo, pois, que "é de pequeno que se torce o pepino", nem que "pau que nasce torto nunca endireita". Nada disso! Não é preciso torcer o pepino, basta regá-lo com o orvalho de nosso afeto, evitando que predadores ou pragas o ataquem.

Não há, porém, a menor dúvida de que, se temos em relação aos filhos uma grave responsabilidade, cabe-nos uma quota correspondente de autoridade. Essa autoridade deve e precisa ser exercida, com amor mas, também, com firmeza; sem berros e pancadarias, mas sem tibiezas. Há o momento do – *Não!* tanto quanto o do – *Sim*.

Como vimos, há uma sólida razão para que o espírito recém-encarnado viva um período em que se torna mais acessível à influência e ao aconselhamento orientador. Tenho visto pais arrependidos de haverem sido excessivamente tolerantes com o que encaravam como meras travessuras de seus filhos, mas nunca os ouvi lamentarem-se por terem sido severos, a não ser que hajam cometido algum excesso.

Estranho como pareça, é comum ouvirmos filhos adultos manifestarem seu reconhecimento pelo regime disciplinar a que foram submetidos na infância. E não raro ouvimo-los lamentarem a fraqueza dos pais ante suas turbulências ou o desinteresse deles em dar combate às tendências negativas de caráter dos filhos. Não é fazendo todas as suas vontades que estaremos demonstrando nosso amor por nossos filhos. Pode haver perfeito equilíbrio entre respeito e descontração, entre liberdade e disciplina, entre amor e autoridade.

Estaremos, assim, ajudando-os a desenvolverem suas potencialidades, de vez que para isso foram eles programados pela mãe natureza. Quanto ao pau torto... também precisa de apoio e compreensão. Um dia ele perceberá, pela sombra que projeta no chão, que é feio ser torto. Por isso, da próxima vez que ele 'reencarnar-se', através de uma de suas sementes ou mudas, ele próprio vai cuidar de crescer reto e elegante, na direção do céu azul, como toda árvore que se preza.

Deus nos deseja purificados e redimidos, mas não nos atropela, nem exerce sobre nós qualquer pressão insuportável ou deformadora. Prefere que cresçamos, física e espiritualmente, segundo nosso próprio ritmo pessoal, dentro de um esquema em que o máximo possível de espaço nos é concedido para fazê-lo. Certamente, a disciplina é ingrediente indispensável à *receita* de viver. Ainda há pouco me dizia um espírito muito amado que se Deus exagerasse sua complacência conosco, não teríamos oportunidade de evoluir.

Em suma, não se torce o pepino, ele deve ser cultivado.

E por falar em Deus, a que tipo de religião ou crença devem nossos filhos ser encaminhados? Ou será que é melhor levá-los logo à descrença, para que eles próprios decidam o que fazer?

É o que vamos considerar a seguir.

23. Presença de Deus

O LEITOR ATEU OU DESCRENTE (devo imaginá-lo de muitos matizes ideológicos) há de estar perguntando a si mesmo: mas que tem Deus a ver com tudo isso? Se perguntou, deixe-me responder com outra pergunta. Assim: o que *não tem* Deus a ver com isso e com tudo o mais no Universo?

Quanto aos demais, crentes e praticantes de muitas religiões ou seitas, também podem pensar que isso é problema pessoal, que cabe a cada um de nós resolver. Em princípio, estaríamos de acordo. Práticas religiosas ou atitudes agnósticas são posturas estritamente pessoais e representam opções, igualmente pessoais, que devem ser respeitadas. O que não impede que possamos conversar, de modo educado e civilizado, acerca dos vários aspectos envolvidos.

Devo portanto dizer, como que para tranquilizar o leitor, que não é minha intenção fazer pregação ou tentar induzi-lo a esta ou àquela seita. Isso tudo faz parte de um contexto bastante complexo, como resultante de não poucos fatores mais ou menos imponderáveis.

Em minha opinião, é mais importante um legítimo sentimento de religiosidade do que a adoção ou filiação formal a esta ou àquela instituição religiosa.

Creio (e espero) que, a esta altura, estejamos todos convictos de que as crianças são seres preexistentes e que trazem na bagagem espiritual ampla experiência religiosa, entre outros tipos de vivência. Sabe-se que, em tempos mais remotos, astros, fenômenos naturais, bichos, totens e até seres humanos constituíram objeto de adoração e divinização. Gregos e romanos tinham deuses para tudo, mas seria tolice pensar que eram ignorantes. A mitologia, ao contrário, é uma forma muitíssimo inteligente de montar um sistema religioso que nos mostre, sob forma alegórica e de fácil assimilação, as complexas relações entre as diversas forças da natureza, ou, para dizer a mesma coisa com outras palavras: como se manifesta, no mundo em que vivemos, a vontade de um Deus único.

A verdade é que não são muito satisfatórios os critérios usuais quanto à escolha da religião que nossos filhos poderão, eventualmente, adotar (ou não). Ou costumamos deixar que as coisas simplesmente aconteçam, ou forçamos as crianças a adotarem 'nossa' religião, ou seja, a dos pais ou responsáveis. Por isso encontramos tantas pessoas desorientadas em questões de vivência religiosa. E não são poucos os conflitos suscitados por divergências e desentendimentos nesse campo, usualmente tão sensível.

Para muitos, a religião é apenas um hábito, uma obrigação social, um aspecto secundário da vida, ou, como tantos dizem, um 'freio'. (Seremos automóveis ou, pior ainda, animais de tração ou montaria que necessitem de freios?) Em famílias mais ou menos acomodadas a esta ou àquela religião, os filhos são encaminhados para as instituições frequentadas pelos pais, o que é compreensível, e lá ficam para o resto de suas vidas, sem mesmo cogitar de saber se é aquilo mesmo que desejam, o que é questionável. Costumo dizer que são católicos, protestantes ou ateus *genéticos*, como se houvessem herdado dos pais um determinado gene específico embutido na cadeia do DNA, como, aliás, pensa muita gente.

É certo que uma educação religiosa deve ser ministrada às crianças, da mesma forma e intensidade com a qual outras disciplinas lhes são ministradas. As instituições espíritas, por exemplo, prestam relevante serviço através das escolas de evangelho para a infância. Creio mesmo que o ideal seria interessar a criança, em fase mais amadurecida, aí pela adolescência, por estudos de religião comparada, ainda que os pais sejam irreligiosos ou até refratários a qualquer filosofia religiosa. Não que isso seja essencial à escolha de uma religião adequada para cada um de nós, mas porque nos proporcionaria tal exame uma visão mais ampla de aspectos vitais ao entendimento da vida.

Trazemos em nossa bagagem cultural matrizes ideológicas consolidadas ou ainda imprecisamente definidas. As experiências passadas não são decisivas na escolha de uma postura religiosa ou agnóstica em cada vida que se inicia na Terra. Não poucas vezes, a escolha é decidida previamente, ou seja, antes de nascer, quando a pessoa resolve se dirigir ou é encaminhada, por motivações que lhe são respeitáveis, a uma família católica, protestante, judia ou muçulmana, por exemplo. E nem sempre é para adotar, automaticamente e sem restrições ou dificuldades, a religião de seus pais e irmãos, e, sim, para tentar influenciá-los para que considerem outras opções. Daí encontrarmos, às vezes, crianças que, desde que conseguem expressar um pouco do que lhes vai na mente, começam a mostrar sinais de rejeição à religião de seus pais, irmãos, amigos e parentes, o que costuma resultar em penosos conflitos, se não prevalecer o bom senso da tolerância.

Na verdade, ao contrário de unir as pessoas, mesmo porque a maioria dos cultos expressam de maneira diversa as mesmas crenças básicas, as religiões costumam, paradoxalmente, suscitar incrível volume de intolerâncias, de ódios e rancores de difícil conciliação. Os religiosos mais intransigentes tendem a considerar suas respectivas seitas não apenas como a *melhor*, mas a *única*, fora da qual não há salvação possível para os 'infieis' de todos os matizes. O pior é que nem todos, e nem sempre, se limitam a lamentar os que não pensam exatamente como eles, mas tudo fazem para convencer aos outros da 'sua' verdade pessoal ou, pior ainda, querem *obrigar* todos a adotarem sua fórmula de crer ou de não crer. Não há como disfarçar: a descrença é também uma forma de culto, com rituais, intolerância e fanatismo, semelhantes aos encontradiços nas diversas instituições religiosas.

Nutro a esperança de que os conceitos que vimos debatendo neste livro possam contribuir para uma visão mais aberta, ampla e inteligente do problema religioso. Afinal de contas não estamos vindo todos, sem uma única exceção, de um desconhecido número de existências, nas quais adotamos tantas e tão diversas maneiras de considerar os aspectos religiosos? Quem diria que já adoramos o sol, a lua, ídolos, pedras, animais, objetos, árvores e tantos e tantos deuses e deusas? Tudo isso é experiência, é aprendizado, e disso resulta um seguro e incessante processo de abordagem da Verdade, por sucessivas aproximações.

O trato com os espíritos, ao longo de muitos anos, em nossos trabalhos de intercâmbio com eles, proporcionou-nos uma visão, diríamos, privilegiada, do delicado problema religioso. O que observamos junto deles é a multiplicidade de experiências religiosas e as mudanças que se vão operando em cada um, no correr dos tempos. À medida que trocamos de corpos físicos e de contextos sociais, históricos, geográficos e culturais, vamos também substituindo, por outras mais racionais, nossas crenças. Infelizmente, muitas vezes, mudamos apenas as aparências externas, as vestes sacerdotais, os cultos, ritos e posturas, deuses e dogmas, fórmulas e estruturas hierárquicas, mas continuamos fanáticos, dogmáticos, intolerantes, exclusivistas e ambiciosos, interessados em seitas religiosas apenas na medida em que podem servir de plataforma de lançamento para ambições pessoais e exercício do poder.

Temos dialogado com espíritos que foram tão fanáticos e intolerantes ao combaterem e ajudarem a condenar o Cristo, porque pertenciam às hierarquias sacerdotais da época, como fanáticos e intolerantes seriam, séculos depois, agora nominalmente cristãos, ao perseguirem e condenarem os que não queriam ser cristãos ou, pelo menos, não conseguiam aceitar a forma de cristianismo que lhes estava sendo oferecida.

Tivemos depoimentos de outros que, de tal maneira se comprometeram perante a lei divina, no exercício do poder religioso (E que estrutura de pensamento proporciona mais imperiosa forma de poder do que a religiosa?), que passaram a combater toda e qualquer ideia, instituição ou conceito de natureza religiosa.

Sejamos, portanto, realistas: as crianças são pessoas que trazem consigo denso conteúdo de experiência religiosa do passado. Dificilmente teria sido possível viver tantas vidas sem um envolvimento maior ou menor, aqui ou ali, no tempo e no espaço, com as inúmeras seitas que o mundo tem conhecido. Muitas, senão a maioria de tais vivências, foram desastrosas, deixaram sequelas de difícil erradicação e indeléveis marcas na mente e no coração de muita gente. E não foram somente os que praticaram erradamente as religiões ou as usaram como instrumento de opressão, mas também os que sofreram em consequência de tais erros e penaram sob o peso de insuportáveis opressões. Isso acontece porque a lei costuma determinar a reversão das posições e o fanático de hoje será, fatalmente, a futura vítima do fanatismo alheio.

Ante esse quadro um tanto aflitivo, parece irrealista esperar crianças perfeitamente ajustadas aos conceitos de religiosidade e dispostas a optar, desta vez, por uma expressão religiosa equilibrada, serena, convicta e de elevada condição ética. Foram muitos e severos os desequilíbrios, os desacertos, os equívocos e até mesmo os crimes cometidos em nome de Deus, e desastrosamente justificados como expressões mesmas do próprio amor a Deus ou ao Cristo, ou aos códigos tidos por sagrados, únicos e irretocáveis.

Nesse aspecto mais sensível para muitos, é meu propósito não ilustrar o relato com casos alheios. Resta-me a alternativa de um depoimento pessoal.

Deve se lembrar o leitor de que, páginas atrás, disse-lhe eu que me foi concedida a oportunidade de conhecer larga faixa de minhas vivências anteriores. É verdade isso e sou muito grato aos orientadores e instrutores espirituais que contribuíram para que tais coisas me fossem ensinadas. Com elas eu consegui armar o painel panorâmico que hoje me proporciona uma visão de fantástica beleza e harmonia que, decisivamente, contribuiu para a elaboração de uma filosofia de vida fundamentalmente religiosa, não como atitude para ser assumida uma ou duas horas por semana, mas como postura permanente.

Não é a religião um aspecto da vida, mas a vida em si é religião, no sentido de que tudo está em Deus, tudo se move Nele, tudo se regula pelas leis naturais que a Inteligência Suprema criou, tudo converge para Ele e d'Ele reflui.

Sei, pois, de existências vividas em templos egípcios, em épocas mitológicas, como na Grécia, em estruturas hebraicas de pensamento, tanto quanto não poucos séculos de militância ativa na Igreja Católica e, em seguida, na derivação reformista do século XVI. Que lições posso tirar de tudo isso senão a de que muita coisa somou e outras tantas subtraíram-se na manipulação dessa espantosa massa de experiência religiosa? Foi o que tornou possível destilar-se, à chama de não poucos sofrimentos, equívocos, desenganos e erros mais graves, conceitos purificados que hoje me sustentam acima da mera *crença*, para assumir a estatura e a solidez de uma *convicção*. Esta: somos espíritos imortais, indestrutíveis, perfectíveis, e para isso é que vamos e voltamos, entre um mundo e outro, ou seja, entre as duas faces, os dois aspectos do mesmo mundo. Um deles, de maior densidade material, exploramos com os sentidos limitadores que a carne nos proporciona; no outro, mais diáfano, exploramos diferentes formas de vida não menos real do que esta, para a qual dispomos de outras sensibilidades, refinadas, sutis, abrangentes e superiores.

Ao iniciar-se esta vida, vi-me naturalmente encaminhado para o catolicismo, a religião de minha mãe. Foi ela quem me ensinou a orar, essa magnífica e insubstituível maneira de conversar com Deus. Era quem me falava de Deus, do Cristo e do Evangelho. Era quem me pregava, na singela e veemente expressão do exemplo, tanto quanto da palavra, uma ética limpa e de fácil entendimento.

Como viria eu a observar mais tarde (ou como já observara antes, não sei), a Verdade é simples, discreta, silenciosa, transparente, tão singela que muitas pessoas nem se dignam olhar para ela. Julgam-na uma inexpressiva e anônima figura, perdida na multidão do erro que grita, que usa roupas berrantes e se mostra aos passantes e até os segue, a puxar-lhes pelas vestes.

Era simples e prática a decisão de minha mãe a nosso respeito, ou seja, quanto aos dez espíritos que acolheu generosamente para gerar-lhes os corpos e guiar-lhes os primeiros passos na nova vida. Manteve-se católica até o fim, praticando, de modo assíduo e convicto, a religião de sua escolha, mas sem fantasias ou beatismos. ("Primeiro a obrigação", ensinava ela, "depois a devoção.") Enquanto estivéssemos sob sua responsabilidade, ficaríamos sob a tutela da Igreja Católica. Daí em diante, a opção seria nossa, tanto quanto a correspondente responsabilidade.

Lembro-me que, ainda na dependência de seus devotados cuidados e canseiras, comecei a sentir o desencanto pela religião de sua preferência. Não me atraíam os rituais, os sacramentos e obrigações paralelas, mas, principalmente, as estruturas de pensamento que me eram oferecidas. Eu começava a questioná-las e nem sempre as respostas e esclarecimentos eram satisfatórios. Estou certo de que ela percebia tais vacilações e inquietações, como também é certo que me solicitava docemente a insistir na prática religiosa na qual via tantas consolações para suas dificuldades, lembrando-me a missa, ou as obrigações sacramentais de praxe, nas épocas devidas, para que não pusesse em perigo minha alma, pela qual, certamente, ela se interessava, e muito.

Nunca, porém, forçou nada e nada impôs, a nenhum de nós. Era de supor-se que teria preferido todos abrigados devotadamente sob as asas da sua amada Igreja, mas não desejou tomar por nós decisões que entendia pertencerem a cada um, a não ser no período da infância, quando não tínhamos condição para considerar os fatos, analisá-los e decidir o rumo a seguir.

Sou grato a ela por tudo isso: o bom senso, o equilíbrio, a inteligente maneira de agir. Mais do que grato, considero-me privilegiado por ter tido a oportunidade de conviver com um espírito generoso e pacífico, embora decidido e firme, que nos impregnou com seu verdadeiro senso de religiosidade. Lembro-me de como isso foi importante para que eu pudesse atravessar, sem maiores conflitos íntimos, o período em que, sem conseguir aceitar mais as estruturas doutrinárias da sua religião, não tinha, ainda devidamente conscientizadas, as que eu certamente trouxera comigo, nas profundezas da memória, como programa de ação para esta existência.

Foi uma época de incertezas, é verdade, de dúvidas e inquietações, de desalento e desencanto também. Se não era aquela a maneira de expressar-me como ser humano perante Deus e o universo em que eu vivia, qual seria então?

Dois importantes pontos de apoio se salvaram em mim e sobreviveram a esse período de reformulação: a existência de Deus, que me parecia mais do que óbvia, indispensável a um universo claramente orgânico e harmonioso, e a grande admiração e respeito – carinho mesmo – pela majestosa figura de Jesus e sua filosofia básica, tal como eu podia vê-las nos textos evangélicos.

Essa fase ficou, de certa forma, documentada, de vez que, com o primeiro salário ganho em um emprego melhor, recém-obtido, comprei, em 31 de julho de 1939, um exemplar da Bíblia. Tinha 19 anos de idade. Minha mãe, sempre atenta, advertiu que se tratava de uma

"Bíblia protestante", certamente porque não encontrava nela o espe-rado e tranquilizador *Nihil Obstat* e o respectivo *Imprimatur* da auto-ridade eclesiástica competente. Procurei tranquilizá-la, chamando sua atenção para a tradução, de responsabilidade do *padre* Antônio Pereira de Figueiredo, mas ela percebia determinadas notinhas de rodapé, de aparência um tanto suspeitas para seu gosto. De forma alguma, contu-do, interditou o livro às minhas pesquisas. Creio que confiava em mim e, talvez, na tradução do padre. Ademais, havia a nota seguinte:

"Da edição aprovada, em 1842, pela Rainha D. Maria II com a con-sulta do Patriarca Eleito de Lisboa."

No fundo, porém, ela sabia que isso não queria dizer muita coisa, pois o texto que eu tinha *provinha* da edição aprovada pelo arcebispo, o que não queria dizer que *era a edição* aprovada, mesmo com os dois 'pp'.

Seja como for, essa é a Bíblia que me tem servido, entre várias outras mais recentes, há mais de meio século.

Desde logo passei a encontrar ali ressonâncias harmônicas com meu oculto diapasão íntimo. Penso hoje que, talvez, naqueles momentos em que eu estudava os textos com a firme deliberação de penetrar-lhes o sentido, desmaterializavam-se as barreiras do tempo e eu ouvia o Cristo ensinando as belezas de sua inesgotável sabedoria. Tantas vidas levara ouvindo e repetindo aqueles conceitos que já os trazia escrito no coração e na memória integral. Era como se reencontrasse velhos amigos e redescobrisse caminhos que trilhara em outros tempos, não sei onde, nem como.

Em suma, o Cristo chegara, de novo, às profundezas do meu ser, ou será que nunca houvera estado ausente e eu apenas não me dera conta de sua presença?

Muitos anos depois, uma pessoa mergulhada em suas memórias do passado me diria que conceitos que eu costumava rejeitar, no contexto das tradicionais seitas cristãs, eram os que não conferiam com aquilo que meu espírito *sabia*, de alguma forma ainda obscura para mim, não serem expressão fiel do pensamento de Jesus.

Não tenho a pretensão de achar que minha experiência pessoal sirva de modelo a ser adotado por todos ou pelo menos por alguns. Nem me coloco, eu próprio, como um ser redimido, dotado de luminosas virtudes e inatingíveis perfeições. Estou bem consciente de minhas limitações e do muito que me falta percorrer até chegar a um estágio de razoável serenidade. Além disso, embora os mecanismos psicológicos sejam idênticos ou muito semelhantes em todos, cada um de nós tem sua peculiar maneira de agir e reagir aos estímulos que a cada momento nos chegam. Essa complexa dinâmica é resultante de todo um conjunto de experiências e vivências que por sua vez determinam certo grau de maturidade ou imaturidade de cada um de nós. Somos seres singulares, únicos, universos miniaturizados, partículas de consciência, meros pigmentos coloridos que, juntos, aos milhares, aos milhões, emprestamos cor à comunidade em que vivemos, às épocas, aos contextos históricos, geográficos e sociais em que nos inserimos, de tempos em tempos, vida após vida.

Acabamos encontrando o caminho, pois não há outro senão aquele que leva a Deus. Se muitos são os que resolvem passar pelos atoleiros, pelos desertos e espinheiros, que fazer? Não é direito de cada um – e responsabilidade – o livre decidir pelas opções que se vão apresentando? Afinal de contas Deus não tem pressa, porque está além e acima do tempo e do espaço, mas é muito pouco inteligente e doi muito, e demora demais chegar, quando nos obstinamos, infantilmente, em fazer a caminhada sem ele, como se isso fosse possível. Um dia fazemos uma parada para pensar e nos dizemos: "Meu Deus! Quanto tempo perdido! Quanto sofrimento inútil!"

É aí que começa a subida para a luz. Ela será tanto mais rápida e fácil, mesmo em sua lentidão e dificuldade, quando mãos generosas se estenderem para nos ajudar, acendendo fachos pelos caminhos, sustentando-nos no momento do tropeço, ou fazendo junto ao nosso ouvido a concha amiga para que seja sussurrada uma palavra de encorajamento, de amor fraterno e de solidariedade.

O que importa é isso, não esta ou aquela religião específica. O que importa é a presença de Deus em nós, claro, mas não apenas isso e sim a nossa consciência de tal presença. E isso começamos a perceber, primeiro, no coração de mães generosas, antes de notar que também em nós ele está. Se lá não conseguimos vê-lo, qualquer que seja a razão, podemos estar certos de que ficará mais difícil encontrá-lo em nós mesmos.

24. Como conversar com Deus

SUGERI, ALHURES NESTE LIVRO, que você deve orar e que, se não sabe, trate de aprender. Por incrível que pareça, há muita gente que não sabe fazê-lo. A prece é uma conversa com Deus, e conversa não precisa de fórmulas, ritos ou posturas especiais. O tom da conversa está sempre relacionado com o grau de intimidade com a pessoa à qual você se dirige. Com Deus, o relacionamento se caracteriza como da maior intimidade. Quem melhor do que ele para nos conhecer, saber de nossas mazelas, necessidades e potencialidades? Do mais alto nível deve ser o respeito no trato com ele. O cantor e compositor Gilberto Gil sugere, na sua bela canção, como deve preparar-se aquele que deseja falar com Deus. Os poetas sabem das coisas...

Como também sabia Francisco, o jovem Bernardone, de Assis.

Na década de 50, vivíamos em Nova Iorque, Estados Unidos, quando ganhamos da Malvina Dolabella um pergaminho com a prece de Francisco que ela havia posto em versos e divulgava entre os amigos. Dizia assim:

"Atende-me, Senhor, Torna-me, entre os mortais,
"um instrumento fiel da Tua grande Paz!
"Onde a ofensa existir, que eu coloque o perdão.
"Onde o ódio raivar, dá que eu possa, Senhor,
"deixar em seu lugar um sorriso de amor!

167

"Onde houver a discórdia, eu proponha a união.
"Onde o erro gritar, com toda a mansidão,
"eu ensine a Verdade! E ao ouvir duvidar,
"mostre o esplendor da Fé que nos leva a Te amar!
"Que ao que desesperar – náufrago sem confiança –,
"mostre o luzeiro incomprável da esperança!

"Torne as trevas em luz, tristezas em alegria.
"E que chegue, afinal, aquele grande dia...
"(Graças a Ti, Senhor, o dia há de chegar!)
"Em que eu console sem buscar ser consolada;
"em que eu compreenda mais que seja compreendida;
"ame, sem procurar saber se sou amada,
"porque é sempre no dar que tudo se recebe,
"o que de outrem matou a sede – é o que mais bebe,
"ao esquecermos de nós – é que nos encontramos.
"E o perdão só nos vem... quando também perdoamos!

"E esperarei a morte a sorrir, convencida,
"que só depois da morte... é que se conhece a Vida!"

São numerosas as preces da Bíblia, tanto no Antigo como no Novo Testamento. Uma das mais remotas dessas conversas com Deus está em Deuteronômio (9,26-29), onde se lê isto:

> Senhor Deus, não destruas o teu povo e a tua herança, que resgataste com teu grande poder e que tiraste do Egito com tua mão poderosa. Lembra-te de teus servos Abraão, Isaac e Jacó; não olhes para a dureza deste povo, nem para a sua impiedade e pecado, para que não digam os habitantes do país, de onde nos tiraste: "O Senhor não podia introduzi-los na terra que lhes havia prometido e como se aborreceu com eles, os tirou para matá-los no deserto". Eles são teu povo e tua herança, que tiraste com tua grande força e com o teu braço estendido.

Aí está uma boa conversa, de coração aberto, na qual a pessoa em prece, reconhece os desatinos do povo, mas apela para que não sejam todos destruídos. Afinal de contas, ainda que merecedores de uma severa corrigenda, continuam sendo aquela gente que foi retirada da escravidão. Se fossem aniquilados que iriam dizer os egípcios?

Lutero costumava orar diante da janela aberta, contemplando a imensidão cósmica. Em carta ao amigo Melanchton, escreveu certa vez: "Ó meu Felipe, é a prece que governa o mundo; por ela, tudo conseguimos realizar, levantamo-nos das nossas quedas, suportamos o irremediável, destruímos o mal, conservamos o bem".

Certa vez, ao encontrar Melanchton deprimido e praticamente nas últimas, virou-se para a janela e orou como nunca, com aquela convicção inquebrantável que sempre demonstrou. Falou, em seguida, com o amigo, que, a partir daquele momento, começou a recuperar-se, para dar continuidade à luta. Mais tarde, diria como foi aquela dramática conversa com Deus. "Ainda bem que o Senhor me ouviu" – explicou. "Atirei-lhe o fardo à sua porta; enchi-lhe os ouvidos com todas as suas promessas de apoio. Disse-lhe que era preciso que me atendesse para que eu continuasse a crer".

Também o Cristo orava com frequência, nas suas longas e sofridas meditações, pois a prece é o fio invisível de nossa ligação com Deus. O recurso da prece está sempre à nossa disposição, em qualquer lugar, momento ou situação. Não precisa nem mesmo ser verbalizada em voz alta, basta ser pensada.

A criança deve ser habituada a orar desde o início, de preferência com suas palavras, a seu jeito. Há numerosas oportunidades para isso, em diferentes horas do dia, quando acorda de manhã, quando se deita, à noite, para dormir, quando se prepara para sair à rua, ou se põe à mesa para a refeição, quando alguém da família está doente, ou, simplesmente, para agradecer o privilégio da vida, da saúde, das oportunidades de aprendizado e maturação espiritual. Enfim, são muitas as situações, qualquer que seja a filiação religiosa dos pais. Ore, cada um, dentro do contexto de suas crenças e costumes, judeus, muçulmanos, cristãos, espíritas, budistas. Não importa. Por mais que se esforce tanta gente em achar que é dono de um Deus específico e exclusivo, só há um Deus, pai de todos nós, o que nos faz membros de uma só família universal e, portanto, irmãos e irmãs.

Quando desperto, peço a Deus que abençoe o dia que tenho pela frente. Ao abrir a janela, contemplo a manhã, lá fora, e digo mentalmente: – Bom dia, dia! Se me preparo para ir à rua, peço a Deus que me ajude no relacionamento pacífico e harmonioso com as pessoas com as quais me encontrarei, no supermercado, no banco, nas calçadas, na condução.

Muitos de nós temos uma hora predileta para a prece mais longa e a meditação. Eu optei pelas seis horas da tarde, após concluídas as tarefas do dia. Costumo compor minhas próprias preces e as renovo de tempos em tempos, a fim de que não se automatizem e passem a ser repetidas mecanicamente. Quero estar consciente do que estou dizendo a Deus ou ao Cristo.

A prece tem, contudo, algumas peculiaridades para as quais precisamos estar preparados. Muitas vezes elas são atendidas exatamente por que não são, aparentemente, atendidas. Está confuso? Vamos dizer de outra maneira; pode bem acontecer que, se obtivéssemos aquilo que pedimos, seríamos prejudicados e não beneficiados.

Além do mais, a prece não deve ser transformada em petitório, como se Deus estivesse à nossa disposição para atender a qualquer capricho fútil. Ela constitui um processo através do qual somos fortalecidos para as lutas que nos aguardam, não um recurso para a gente ganhar na loteria ou conseguir que os obstáculos sejam removidos dos nossos caminhos. Primeiro, que os obstáculos e as dificuldades foram postos ali pela nossa própria insensatez; segundo, que temos de aprender a superar tais dificuldades, pois é assim que nos fortalecemos e realizamos o aprendizado que nos compete.

O leitor deverá estar pensando, a esta altura, que estou apelando para a pregação. Não é isso. Estou falando de indiscutível realidade objetiva.

Fora do campo religioso, a prece tem sido pesquisada cientificamente e as descobertas surpreenderam muita gente. O meticuloso trabalho do dr. Franklin Loehr, nos Estados Unidos, demonstrou o poder da prece sobre a saúde e o crescimento das plantas, por exemplo, como relata seu livro *The power of prayer on plants*. Os resultados foram mensuráveis, comparando-se dois lotes de plantas da mesma espécie, semeadas e tratadas da mesma maneira. A única diferença entre os dois grupos consistiu em que um deles, além de solo, água e luz, foi tratado com preces dirigidas às plantinhas ou à água com a qual foram regadas. Não era preciso nem dizer quais as plantas *rezadas*, elas eram mais saudáveis, mais fortes, cresciam mais e produziam mais.

Remeto o leitor interessado ao texto número 40 – "O poder da prece sobre as plantas" – (páginas 143 a 145), do livro *De Kennedy ao homem artificial*. Esse livro reúne crônicas que, aí pelo final da década de 60, Luciano dos Anjos e eu escrevemos, durante cerca de três anos, para o extinto *Diário de Notícias*, jornal de grande tiragem e tradição, do Rio de Janeiro. Um desses textos, publicado em 29 de novembro de 1968, foi sobre a prece (páginas 100 a 102). Recorro a ele para alguns comentários adicionais.

A meu ver, há dois tipos de pessoas que não oram: as que não sabem e as que não querem. Esta conversa é endereçada de preferência às primeiras, mas sem exclusão das demais, porque tanto umas como outras estão deixando de recorrer às energias superiores que sustentam o universo. Falando às que não aprenderam a orar, é de esperar-se que também alcancemos os indiferentes. Bem pensado, aliás, creio que poderíamos colocar mais um grupo: o daqueles que oram mecanicamente, recitando fórmulas que a repetição infindável esvaziou de todo o seu conteúdo emocional. E para que serve uma prece sem emoção?

Muitos ainda não descobriram que o valor e a eficácia da prece não estão no número de vezes que a recitamos e sim no que sente o nosso espírito ao pronunciá-la. Por isso, aqueles a quem não mais satisfaça a prece repetitiva, ficam sem saber o que dizer a Deus.

A *Enciclopédia Britannica* que andei consultando para escrever isto é muito erudita e técnica no exame da prece. Divide-a em três tipos, segundo seja dirigida a um ser superior àquele que ora, a um ser do mesmo nível ou a um ser inferior, ou que pelo menos o suplicante assim considere.

A Deus se pede com humildade e confiança. A um santo com o qual se tenham tomado certas liberdades muita gente propõe uma barganha, isto é, faz uma promessa, mais ou menos nos seguintes termos: – Você me dá isto que eu te prometo fazer aquilo. O terceiro tipo – ainda segundo a *Britannica* – é uma verdadeira ameaça: – Você me arranja isto, ou te *quebro a cara*!

Não é preciso dizer que estes dois últimos tipos de 'prece' estão fora de nossas cogitações aqui. Preces decoradas ou repetitivas também não são de minha preferência, como já vimos. Se a prece é um entendimento direto entre o ser humano e Deus ou com um espírito superior, em quem a gente confia – o Cristo, por exemplo –, basta abrir o coração e deixá-lo falar, numa conversa franca, leal, respeitosa e recolhida. Não é preciso procurar palavras difíceis, expressões rebuscadas que quase sempre são insinceras. Com isto a prece vira discurso de político em campanha. Não se envergonhe da sua linguagem com Deus – ele a entenderá perfeitamente, e quanto mais singela e humilde, melhor, porque é o sentimento por trás dela que vale, não as 'palavras bonitas'.

Jesus não se preocupou em ensinar preces específicas; a única que nos deixou em palavras suas foi a chamada 'oração dominical', ou melhor, o 'Pai Nosso'. Quanto ao mais que disse ele? Que quando tivéssemos de orar, entrássemos para o quarto e, em segredo, nos dirigíssemos a Deus. Disse do valor da prece do publicano sincero e humilde e que de nada servia a oração pomposa do fariseu hipócrita.

Declarou também que era preciso bater para que se abrissem para nós as portas. Se conseguiremos ou não o que pedirmos, é outra coisa. Nem sempre aquilo que pedimos é o que mais convém ao nosso espírito. Segundo o Cristo, Deus não nos dará pedra se lhe pedirmos pão, mas, como pai prudente, "recusa ao filho o que for contrário ao interesse deste", conforme disseram os instrutores ao prof. Rivail.

Insisto em dizer que a criança deve ser ensinada a orar tão cedo quanto possível, como são ensinados os hábitos de higiene, limpeza, ordem e educação social. São os costumes adquiridos na infância que testemunharão pela vida inteira sobre o tipo de lar em que a pessoa viveu na infância.

Como em tantos aspectos da vida em família e em sociedade, o aprendizado pelo exemplo é o mais eficaz. A criança deve sair de casa, para suas primeiras atividades sociais, a partir do jardim de infância, com um mínimo de preparo para resistir aos inevitáveis impactos do *desaprendizado* que irá enfrentar na rua, na escola, nos meios de transporte...

Se os pais, ou um deles, têm o hábito de orar, as crianças se acostumarão a essa prática. O melhor é fazer isso com regularidade. Muitas famílias adotam o estudo do *Evangelho* no lar. Reúnem-se todos, um dia por semana, de preferência à noite, para orar, ler uma página e comentá-la. Meia hora é o bastante. Se você não é cristão, faça o culto em torno do Torá, do Corão ou dos ensinamentos de algum mestre de sua preferência. Estimule a criança a participar e comentar os temas abordados.

Aliás, o poder da exemplificação é decisivo em outros tantos aspectos da vida, como já vimos, não somente na prática religiosa. Venho, por exemplo, de um tempo em que o palavrão era, no mínimo, deselegante e grosseiro, próprio de gente sem educação, inaceitável na conversa em família. Nem meus irmãos nem eu nos acostumamos a empregá-los, porque nossos pais não o faziam. A tradição continuou na família que minha mulher e eu iniciamos. Nenhum de nós é dado ao palavrão, usado hoje praticamente como pontuação, na conversa de rua, no teatro, no cinema, na TV e nos textos publicados. Aceito, neste ponto, e sem nenhum constrangimento, a pecha de quadrado, antiquado ou puritano; sempre me choca o palavrão, especialmente, na voz infantil, ou na boca de uma mulher. Ainda penso que a boca fica suja para falar com Deus e não faço questão alguma de mudar esse modo de avaliar as coisas.

Não tenho preces padronizadas e nem miraculosas para ensinar. Cada um de nós tem que se expressar de sua maneira pessoal e única. Gosto do Pai Nosso, claro. Até já fiz sobre ele uma longa palestra, porque vejo nele muitos ensinamentos. Um exemplo, apenas: já notaram que há, no Pai Nosso, um único pedido material – o do pão? E mais ainda, somente o pão *de cada dia*, não uma carroça de pão. Gosto também da prece de Francisco de Assis. E embora não seja para ficar repetindo-a indefinidamente, gosto da prece composta por um espírito que se assinou Agar e a escreveu pelas mãos do querido Chico Xavier.

É assim:

Pai de Infinita Bondade, sustenta-nos o coração no caminho que nos assinalaste. Infunde-nos o desejo de ajudar àqueles que nos cercam, dando-lhes das migalhas que possuímos para que a felicidade se multiplique entre nós. Dá-nos a força de lutar pela nossa própria regeneração, nos círculos de trabalho em que fomos situados, por teus sábios desígnios. Auxilia-nos a conter nossas próprias fraquezas, para que não venhamos a cair nas trevas, vitimados pela violência. Pai, não deixes que a alegria nos enfraqueça e nem permitas que a dor nos sufoque. Ensina-nos a reconhecer tua bondade em todos os acontecimentos e em todas as coisas. Nos dias de aflição, faze-nos contemplar tua luz, através de nossas lágrimas, e, nas horas de reconforto, auxilia-nos a estender tuas bênçãos com os nossos semelhantes. Dá-nos conformação no sofrimento, paciência no trabalho e socorro nas tarefas difíceis. Concede-nos, sobretudo, a graça de compreender a tua vontade, seja como for, onde estivermos, a fim de que saibamos servir em teu nome e para que sejamos filhos dignos de teu infinito amor. Assim seja!

É ou não é uma belíssima prece? Vejam bem que coisa linda é "contemplar a tua luz, através de nossas lágrimas..." ou partilhar o pouco que tivermos "para que a felicidade se multiplique entre nós..."

Uma prece dessas fica acima de qualquer denominação religiosa. Serve a qualquer pessoa, até mesmo ao descrente, naquele momento de aflição ou angústia. Minha mãe dizia desses, que só se lembram de Santa Bárbara quando troveja.

Orar não é, pois, uma obrigação enfadonha, da qual temos de nos livrar diariamente. É aquele momento especial em que ligamos nossas tomadas espirituais no grande reservatório de energia cósmica.

25. O pós-escrito que virou capítulo

EU ESTAVA PENSANDO em acrescentar ao capítulo anterior algumas notas suplementares quando percebi que o mero pós-escrito seria insuficiente para comportar o assunto, que transbordava e exigia *status* de capítulo. Vamos, pois, a ele.

Como ficou dito, cedo encontrei-me, na vida, insatisfeito com as estruturas religiosas de minha infância. Não que as houvesse rejeitado sem mágoas. Foi bom enquanto durou, mesmo porque eu via em tudo aquilo a tranquila imagem de minha mãe e em tudo ouvia suas observações e ensinamentos. Na verdade foi tão forte a vinculação que houve um tempo em que pensei seriamente em dedicar-me à vida religiosa. Estranho como possa parecer, meus colegas de ginásio me puseram o apelido de Vigário, por causa de meus hábitos de reclusão, um pouco austeros, avesso a envolvimentos com os distúrbios próprios da idade e incapaz de pronunciar um palavrão, hábito que conservei a vida inteira. Sabia-se até que eu não gostava de anedotas ditas 'picantes', ou conversas de teor duvidoso, que então me constrangiam, como ainda hoje.

Eu me vira, de repente, sem uma religião específica, e isso, de certa forma, me incomodava e desencantava. Muitos anos depois, leria em Silver Birch, o sábio guia espiritual de Maurice Barbanell, que nós, as criaturas humanas, nos preocupamos demais com rótulos. Coisa semelhante encontramos em Saint-Exupery, que faz o Pequeno Príncipe dizer que as pessoas são muito fixadas em números. Realmente, logo que uma pessoa conhece a outra, quer saber quantos anos tem, quantos francos, cruzeiros ou dólares ganha por mês, quanto vale sua casa ou apartamento, quantos filhos possui, se os tem, e coisas dessa ordem.

Naquela época, contudo, eu não sabia ainda que não tinha a menor importância termos ou não rótulos. Eles podem servir para facilitar nossa identificação com os outros, mas pouco nos servem, se não simbolizarem uma convicção. Quisesse ou não, acho que isso me incomodava. O rótulo de católico não me servia mais, e eu não tinha outro para colar por cima.

O de protestante não me assentava, não sei por que misteriosas razões... Quanto ao de muçulmano ou budista, deles não cogitara. O de ateu me repugnava liminarmente; o de espírita não me ocorrera ainda considerar, mesmo porque ficara em mim um resíduo de desconfiança, depositado por sermões e prédicas que ouvira e livros que lera, advertindo quanto aos 'perigos' dessa 'seita' ou 'heresia' patrocinada diretamente pelo demônio, a mais segura para levar a pobre alma indefesa e incauta para os subterrâneos do inferno.

Seja como for, a busca para mim continuava. Eu tinha de ter algum rótulo, mas onde encontrá-lo e como saber que me serviria para repor o que eu recusara?

Paradoxalmente, contudo, eu 'sabia' que havia um rótulo à minha espera, em algum lugar, ao qual eu ainda não chegara. Era, portanto, uma questão de esperar com a possível dose de paciência.

Enquanto isso, percorria regularmente as páginas do *Evangelho* e voltava a examiná-las nos pontos de meu maior interesse, especialmente as epístolas de Paulo, que mais me atraíam, se bem que muitos aspectos de seus ensinamentos me parecessem obscuros ou mesmo incompreensíveis. Como, porém, tudo aquilo deveria ter um sentido e uma razão de ser, eu entendia que me faltava uma chave qualquer com a qual pudesse abrir portas e cofres, que certamente guardariam riquezas de sabedoria.

Posso hoje perceber que eu era cristão, mas num sentido que não conferia com os modelos de cristianismo que me eram oferecidos. Além do mais, autoridades religiosas – eu as ouvira e lera durante tempo suficiente – decretavam que só era cristão – com direito a ir para o céu – aquele que pertencesse, com exclusividade, à Igreja que elas representavam. Os dicionários me diziam a mesma coisa, ou seja, cristão era o indivíduo batizado e que *professava* o cristianismo. Eu fora batizado, é verdade, mas não podia, honestamente, dizer que professava o cristianismo.

Sem rótulo específico e em busca de um, vivi um bom punhado de anos. Na verdade considerava-me cristão e tinha, portanto, meu rótulo, mas de nada servia ele para os outros, que não o reconheciam como tal.

Foi somente aí pelos 35 anos de idade que comecei a examinar com seriedade a doutrina que os espíritos haviam transmitido a Allan Kardec. Pedira a um amigo pessoal, que sabia profundo conhecedor do assunto, que me indicasse um roteiro de leitura, e segui meticulosamente sua 'receita', prescrita num pequeno pedaço de papel, onde ele anotara alguns nomes de autores de sua confiança.

Não houve dificuldade alguma na aceitação dos conceitos contidos nessas obras. Pelo contrário, eu tinha a impressão de que chegara, afinal, ao caminho que me estava destinado percorrer. Estranho como possa parecer – e para mim foi estranhíssimo, naquela época –, os novos ensinamentos não eram novos para mim; ao contrário, iam tendo ressonância em minha mente, como coisas que eu conhecia e que estava apenas transplantando de alguma gaveta secreta do inconsciente para a consciência de vigília. Em suma, eu era espírita e não sabia!

Restava um sério problema a resolver. Minha mãe permanecia católica convicta e praticante. Fiel à sua maneira de ser, continuava considerando com sérias reservas e desconfianças tudo quanto se referisse a espíritos e espiritismo, que segundo lhe fora ensinado consistentemente, ao longo de toda sua vida, eram coisas do demônio. Como nunca foi fanática, conviveu pacificamente com parentes e pessoas de suas relações, simpatizantes ou praticantes do espiritismo.

Não sei se ainda em vida soube que eu me bandeara para o lado dos 'hereges'. Se o soube, deve ter temido honestamente pela sorte de minha alma e muito deve ter orado por mim. Seu presente de aniversário – não tinha prata nem ouro, como disse Pedro – era assistir a uma missa e comungar por mim. Estou certo de que a pureza da sua fé e a convicção de suas preces muito contribuíram para que todos nós fôssemos encaminhados corretamente pelos caminhos da vida. Ela parecia ter certa intimidade com Deus, e tinha mesmo, porque era hábito de uma vida conversar com ele, nos silêncios das suas horas de meditação ou enquanto velava, pelas horas mortas da noite, à cabeceira de um filho doente.

O certo é que eu não podia e não queria magoá-la. Guardei para mim minhas convicções, pois afinal de contas nosso Deus era o mesmo, como também nosso *Evangelho*, do mesmo Cristo, que ambos amávamos, cada um a seu jeito.

Havia, porém, uma dúvida a resolver: eu queria escrever sobre as coisas que, agora, circulavam pela minha mente. Queria transmitir um pouco daquelas ideias que vieram dar sentido às minhas aspirações. Mais do que isso, eu começava a entender, nos evangelhos e nas epístolas, aspectos que antes me pareciam obscuros ou de todo impenetráveis ao entendimento.

Em dezembro de 1956, com 36 anos de idade, fiz minha estreia como bisonho e tímido articulista, nas páginas de *Reformador*, que me abrigaria durante 24 anos. Mantinha meu compromisso de irrestrito respeito às ideias de minha mãe, e por isso os primeiros trabalhos saíram apenas com as iniciais de meu nome, exatamente iguais às dela: H.C.M.

Senti-me, contudo, no dever de escrever-lhe uma carta aberta, a fim de explicar-lhe como e porque me tornara espírita. Chamei a esse pequeno depoimento de "Carta à Mãe Católica", como se pode ver em *Reformador* de maio de 1961. Assinei-a com o nome de João (de João Marcus, pseudônimo que adotaria logo em seguida e continuaria também a utilizar, mesmo depois que passara a assinar meu nome real).

Anos depois de sua partida para o mundo espiritual, Divaldo Pereira Franco, o querido amigo e médium baiano, transmitiu-me um recado que ele não estava entendendo, mas que reproduziu fielmente. Apresentara-se à sua vidência uma senhora, cuja aparência ele descreveu, que lhe pedia para dizer a João Marcus – e apontou para mim – que lera com muita emoção minha carta e agradecia as palavras de carinho.

– Quem é João Marcus – perguntou ele?

Expliquei-lhe o melhor que pude, sob o impacto das emoções do momento, o que tudo aquilo queria dizer.

Outros recados me mandaria ela e de outras vezes se apresentaria à vidência de sensitivos de minha confiança.

Certa vez, quando atravessava eu um período de mais doloridas aflições íntimas, ela resolveu comunicar-se psicograficamente, ou seja, pela palavra escrita.

Ora, minha mãe ficara conhecida na família pela singela beleza e correção de suas cartas, escritas com uma letra muito pessoal, límpida, sem floreios ou sofisticações, tal como seu estilo e sua própria maneira de viver.

Levou para a vida no além o hábito de escrevê-las, como aqui, com a mesma serena beleza, naquele mesmo estilo fluente, sem literatice inútil, com a mesma tranquila emoção subjacente, com a mesma naturalidade, como quem conversa.

Ressalvados os aspectos pessoais, que não poderia transcrever, eis, em parte, o que ela me disse, naquele documento.

"Um coração de mãe é como uma fonte, donde o amor jorra constantemente, num fluxo ininterrupto que se perde pela eternidade afora. Os olhos de mãe, quando já não choram mais suas próprias lágrimas, ainda deixam escorrer, por eles, as lágrimas de seus filhos.

"(...) Nunca fui de muito falar, nem de escrever. E sabes que jamais me senti à vontade com as letras. De certa forma, elas sempre me intimidaram. Agora sei que era o receio que meu espírito trazia de desviar-se do trabalho que deveria fazer.

"Em meus muitos silêncios, conversava com Jesus, tentando compreender-lhe os desígnios e obedecer-lhe a vontade. Agora sei que ele não era Deus. Mas agora, também, sinto-o mais junto de meu coração, mas real. Contudo, não tive dificuldades em encontrar-me na nova realidade, porque minha fé, embora simples e sem atavios, era sincera e profunda. Aprendo agora que, para Jesus, não há santos nem pecadores, apenas irmãos a caminho da elevação.

"Encontrar familiares e amigos vivendo vida comum foi, sem dúvida, surpresa para quem esperava um céu inexistente. Mas foi também imensa alegria saber que inferno e demônio são palavras inventadas pelos preguiçosos, abrigados no comodismo do menor esforço.

"Agradeço-te, meu filho, seres o que és. O teres prosseguido nas convicções de tua fé, apesar do respeito e amor por mim. Hoje vejo que teria lucrado se, embora bastante avançada na vida física, tivesse escutado a melodia da fé nova que fluía de teu coração. Mas tudo são lições e hoje sigo aprendendo contigo quanto aprendeste comigo. Hoje sou eu que anseio passar de lição depressa para chegar logo ao fim do livro, que na verdade não existe, porque o Livro da Vida se desdobra nas páginas do infinito.

"Não esmoreça, filho. Se muito não pude dar-te, ao menos deite o exemplo da tenacidade e perseverança, confiando na vida e acreditando nos meus deveres.

"Estamos todos trabalhando e estudando. Aqui aprendemos que não existem separações de famílias ou convenções de sociedade. Aqui todos se identificam pelos anseios, esperanças ou dores. Marche para a frente. Não permita que a adversidade te afaste do caminho de teus deveres para com o Cristo e para com a tua fé. Tu sabes, melhor do que eu, o que ela vale. Prossiga, filho. É tua mãe quem te pede. Teu coração está guardado no meu coração.

"(...) Esta carta já se alonga mais do que o desejado e por certo já te perguntas como tua mãe, sempre tão calada, pôde dizer tanto. Agradeço a Jesus a oportunidade e rogo por ti, filho meu, para que o Senhor te recolha em seu regaço e te embale a cabeça cansada, acalentando-te na sua paz.

"Todo o amor de meu coração humilde. Helena, tua mãe."

Aí está esse belo e comovente documento. Sei que não faltará quem diga, com uma ponta de ironia inconsequente, que não acredita nessas radicais conversões póstumas de devotados católicos. Acontece que ironizar não é argumentar. O testemunho firme e claro do fato dispensa o argumento. Não é que as pessoas se tornem *espíritas* depois que morrem, é que elas descobrem que são *espíritos*! E que apenas estavam aprisionadas em um corpo físico perecível. A única diferença em relação aos espíritas é que estes já sabiam que eram *espíritos* mesmo aqui, na carne. Nada mais, mesmo porque somos todos irmãos, ainda que nem sempre amigos, e todos programados para o mesmo destino de felicidade e harmonia.

Uma pequena informação deve ser acrescentada para esclarecer o leitor acerca da 'carta' de minha mãe. Apesar de suas canseiras e lutas domésticas, a lidar, dia e noite, com dez filhos, nós já íamos para a escola primária sabendo ler, escrever e contar. Sem ser particularmente brilhante, eu aprendera com notável facilidade. Para mim era enfadonho ficar retido em cada lição até que ela encontrasse tempo disponível para 'tomá-la'. Por isso lhe pedia dispensar-me desse encargo, mesmo porque, mal iniciado o processo, eu já estava lendo as últimas lições da saudosa *Cartilha da infância*, de Thomaz Galhardo. Daí sua observação: "Hoje sou eu que anseio passar de lição depressa para chegar logo ao fim do livro (...)" E logo a seguir a nova lição aprendida, a de que "o Livro da Vida se desdobra nas páginas do infinito".

Desse depoimento pessoal, para ilustrar o problema da formação religiosa das crianças, só resta esclarecer uma dúvida que deixo com o leitor, já que não sei como decidi-la. Quem é mais grato a quem? Minha mãe, que agora me agradece, até pelo que não pude ou não soube fazer por ela, ou eu, pelo que ela fez por mim, embora achando que muito não pôde dar, senão o magnífico exemplo da sua fé? Pois não é isso o 'muito' e o 'tudo' que ela deu?

26. Do estado sólido ao gasoso

JÁ QUE TANTO FALAMOS DA VIDA, precisamos falar também da morte, que é uma diferente modalidade de vida, e até que não muito diferente, sob certos aspectos.

À medida que a existência prossegue e crescemos e nos casamos e envelhecemos, pessoas queridas vão morrendo à nossa volta. Há pouco falava eu de minha mãe, que partiu a um tempo em que eu, já adulto, e razoavelmente instruído acerca da realidade espiritual, estava convencido de que a separação é apenas temporária, ainda que possa durar alguns anos, pois também eu, como todas as pessoas, renasci programado para voltar à dimensão espiritual de onde vim.

A vida aqui é apenas um estágio de aprendizado e trabalho, etapa de um ciclo evolutivo, como os diferentes níveis de ensino das escolas que frequentamos. À medida em que vamos sendo aprovados em testes, sabatinas, exames vagos, escritos e orais, vestibulares, mestrado ou doutorado, vamos seguindo em frente, rumo a novos patamares. Um dia será o da 'formatura', espécie de colação de grau de cósmicas dimensões, a partir da qual não mais teremos de voltar ao que, na conhecida prece católica, se chama de "vale de lágrimas". Teremos, por essa época, escapado para sempre ao que os místicos orientalistas chamam a "roda da reencarnação".

A caminhada prosseguirá daí em diante, mas não mais estaremos atados, de tempos em tempos, a um corpo físico que nos impõe tantas

183

limitações, a fim de que possamos realizar esse longuíssimo curso, em que aprendemos o ABC da vida.

Escrevendo certa vez a Godofredo Rangel (*A barca de Gleyre*), amigo de muitos anos e de muitas cartas, dizia Monteiro Lobato que a morte é apenas uma mudança de estado: passamos do estado sólido ao gasoso.

Isso tudo não quer dizer, porém, que não sintamos, com maior ou menor intensidade, a morte de parentes e amigos, e até simples conhecidos. As partidas são sempre carregadas de certo conteúdo emocional, seja uma simples despedida de quem vai passar férias em local mais distante. Sentimos falta do filho que foi trabalhar fora, da filha que se casou, do irmão que foi viver em outra parte do mundo e até do bom colega de trabalho quando se transferiu para outra filial.

É apenas natural e compreensível que sintamos a morte dos que fazem parte integrante do nosso grupo espiritual, especialmente aqueles que mais amamos, pelas suas virtudes e pelo grau de afinidade e entendimento, parentes ou não.

Com maior razão e impacto, potencializa-se a dor resultante da perda de um filho ou filha, qualquer que seja sua idade, ou as condições que interromperam sua existência na carne. Nos primeiros momentos da dor, mal percebemos as tentativas de consolo e raramente tomamos conhecimento consciente das palavras de carinho e solidariedade que nos trazem amigos e parentes.

Tudo parece irremediável, a perda se nos afigura definitiva, a dor inconsolável, a aflição insuportável. É inútil, nesses momentos de intensa crise emocional, desejar que a pessoa estanque as lágrimas e volte a sorrir, por um inadmissível passe de mágica. É preciso dar tempo ao tempo para que as emoções em tumulto se acomodem em outro nível e possamos dar prosseguimento ao ofício de viver, por maiores que sejam nossos desencantos e mais profundos os desalentos. Há, quase sempre, à nossa volta, outros seres que necessitam de nós, tarefas que solicitam nossa participação, ou atividades que simplesmente não podem ser abandonadas. A vida não tem ponto final, apenas vírgulas, pontos e vírgulas, reticências, exclamações e interrogações, e muitos traços de união. Não somos ilhas, mas partículas, como dizíamos atrás, de um só continente ou, se quiser, fótons – menos ou mais luminosos

– que integram um só foco de luz, pois em Deus vivemos e nos movemos e nele temos nosso ser, como disse, de modo irretocável, nosso caríssimo Paulo de Tarso.

Não há perdas, ninguém morre para sempre, ninguém 'desaparece', ninguém é encaminhado para uma destinação irrecorrível e final após a morte. Se o amor nos vinculava a seres que conosco conviviam aqui, os vínculos permanecem após a morte, muitas vezes fortalecidos e consolidados. Jamais concordo com um espírito sofredor quando me diz que alguém o *amou*, ou que ele *amou* alguém. Dizia Mário de Andrade que amar é verbo intransitivo. Acho que é, também, defectivo, pois não tem passado – é só presente e futuro. Quem uma vez amou, continua amando, se é que é amor e não paixão.

Ao escrever o belíssimo poema constante do capítulo 13 de sua *Primeira Epístola aos Coríntios*, Paulo preferiu o termo grego *agape*, em vez de qualquer outro, para seu primoroso ensaio sobre as excelências da caridade. *Agape*, esclarecem os comentaristas da Bíblia de Jerusalém, "é um amor de benevolência que quer o bem alheio", e não o amor passional e egoísta. Tão puro e belo é esse tipo de amor fraterno que os tradutores preferiram traduzir *agape* com o termo caridade. Releiam, porém, o texto, a partir do versículo 4, pondo, em vez de *caridade*, o termo *amor*:

> O amor é paciente, é benéfico; o amor não é invejoso, não é temerário; não se ensoberbece, não é ambicioso, não busca seus próprios interesses, não se irrita, não suspeita mal, não folga com a injustiça, mas folga com a verdade, tudo desculpa, tudo crê, tudo espera, tudo sofre. *O amor não acaba nunca.*

Como poderia acabar se é da própria essência de Deus?

Por isso, o amor sobrevive com o espírito, pois este também não morre jamais, apenas muda de estado, como dizia Lobato.

A pessoa que partiu para o outro lado da vida não deixa para sempre aqueles que ficaram; apenas adiantou-se um pouco mais, por alguma razão que, um dia, conheceremos. Quando chegar nossa vez de partir, os que se anteciparem a nós, se de fato nos amaram, lá estarão à nossa espera, com o mesmo sorriso de felicidade, o mesmo abraço amigo, o mesmo coração generoso. É só uma questão de tempo e paciência, aceitação e serenidade.

As leis divinas são severas quanto à rebeldia, à impaciência, à revolta, à falta de aceitação daquilo que nos é prescrito. É duríssimo para um casal, como certos amigos meus, assistir, impotente, à inexorável partida do filho único, belo, inteligente, cheio de vida e esperanças, recém-formado por uma universidade, que se preparava para um futuro promissor. Mesmo conscientes de importantes aspectos do mecanismo das leis divinas, é certo que muito sofreram e foi longo o período de recuperação, a retomada da vida naquele ponto sensível, onde se fez o grande silêncio da separação. Esses, contudo, sabiam que somos todos espíritos imortais e estamos aqui de passagem, e, ainda que sofridos e desalentados, aceitaram, confiantes, a determinação da lei, pois sabem muito bem que ela não é punitiva, e sim corretiva. Alguma situação passada, esquecida, mas documentada na memória integral dos espíritos, certamente há de explicar a motivação de toda aquela dor.

Além do mais, como ficou dito alhures, neste livro, antes de serem nossos, os filhos são de Deus, que apenas no-los confia, por algum tempo. Não somos donos deles, não são propriedade nossa, particular, sobre a qual tenhamos posse e domínio, como dizem as escrituras de cartório. São companheiros de jornada que vieram caminhar uma parte da estrada conosco e, de repente, se foram, para aguardar-nos um pouco mais adiante, no tempo.

Junto ao leito de Magdalena, sua filha adolescente, Lutero chorava e rezava:

— Senhor — dizia ele —, eu a amo muito, mas, se é da Tua vontade tomá-la, eu concordo. Como eu gostaria de ficar com ela! Mas, Senhor, que Tua vontade se faça. Nada melhor poderia acontecer-lhe.

Em seguida, voltando-se para a menina, agonizante, manteve com ela um pequeno e comovente diálogo:

— Minha querida Magdalena, você bem que desejaria ficar junto de seu pai, não é mesmo? Você irá voluntariamente para junto de teu Pai, que está lá em cima?

— Sim, querido papai — respondeu ela. — Como Deus achar melhor.

– Sim, filha, você também tem um pai no céu e é para ele que você irá.

Mas a dor também estava lá, sufocando as consolações de sua fé, e ele, virando-se para os amigos presentes, comentou:

– O espírito é forte, mas a carne é fraca. Amo-a tanto!

– O afeto dos pais – comentou Melanchthon – é a imagem do amor divino. Se o amor de Deus em relação aos seres humanos é tão grande quanto o dos pais pelos seus filhos, pode-se dizer que tal amor é uma chama.

Quando, afinal, a menina partiu, às nove horas da manhã do dia seguinte, Lutero comentou, sufocado pelas lágrimas:

– Sinto-me tão feliz em espírito, mas muito triste segundo a carne. Ai de mim, a carne recusa-se a concordar. A separação é muito dolorosa. Não é admirável saber-se que, de tanto haver sofrido, ela está, agora, em paz, em um lugar excelente?

Mesmo convictos da continuidade da vida após a morte do corpo, não podemos simplesmente ignorar a dor, como quem desliga um circuito elétrico com o mero toque de um interruptor. O espírito sabe e quer, mas, como lembrou Lutero, a carne é fraca e discorda, e por isso a visão através dela fica nublada pelas lágrimas.

Lembro-me de estar em situação semelhante várias vezes, e se ainda viver mais algum tempo poderei confrontar-me de novo com essa realidade. Uma dessas oportunidades foi quando morreu minha avó.

Estava bem velhinha, a pobre querida, e um tanto incerta nos seus passos, mas lúcida e participante. Sempre que ia ver minha gente, a primeira visita, depois dos cumprimentos da chegada, era ao seu quartinho quieto e limpíssimo. Ela estaria, usualmente, com uma peça de costura ou de crochê nas mãos, muito junto aos olhos, mas sem óculos, pois jamais precisou deles.

Tomava-lhe a bênção, beijando-lhe a mão magrinha e elegante, e por ali ficava a conversar com ela e podia ver o quanto se sentia feliz em estar comigo e saber que eu a amava.

Eu é que não imaginava o tamanho do vazio que sua partida deixaria em meu espaço interior. Ajudei a levar seu leve corpo cansado ao cemitério e fiquei um pouco mais, depois que os outros se retiraram. Queria orar em silêncio por ela. Mas a prece achou de vir sob forma de lágrimas, que me escorriam, sem cessar, pelo rosto abaixo, suscitadas por um profundo sentimento de saudade antecipada. Não tinha, porém, o sabor amargo da revolta. Como dissera Lutero, Deus a queria de volta, e quem era eu para dizer que não?

Passado aquele momento de emoção, retirei-me dali, confiante e tranquilo. Ela estava em boas mãos, "na mão de Deus, na Sua mão direita", como escreveu Anthero de Quental.

Não há, pois, palavra de consolo ante a partida de um ente querido, apenas a de solidariedade, a da ternura fraterna. O consolo virá depois, quando entendermos e *aceitarmos* a morte pelo que realmente é – ou seja, breve separação, nada mais que isso.

Uma verdade nem sempre reconhecida poderá abreviar esse período de angústia. É a de que a aflição dos que ficam e o inconformismo do desespero repercutem, como espinhos envenenados, no coração daquele que partiu. É esse o unânime testemunho das mensagens póstumas. Tanto quanto a dor contida é testemunho do amor, a aflição do desespero, vizinho da rebeldia, constitui redobrada angústia para o que se foi. São lágrimas, essas, que em vez de levarem uma mensagem de consolo e saudade ao espírito revolvem-se em correntes de aço que o prendem aos desenganos e frustrações da Terra, e criam obstáculos ao prosseguimento de sua jornada.

Encontramos, às vezes, um tipo exaltado de ligação afetiva que pouco falta – quando falta – para ser sentimento de posse, como se Deus não tivesse o direito de determinar, através do infalível mecanismo de suas leis, a melhor maneira de conduzir-nos pelos roteiros da evolução. É como se o pai e a mãe desesperados reclamassem de Deus por ter tido a 'ousadia' de privá-los da companhia de um filho ou filha. Afinal de contas, hão de pensar, ela era *minha* filha, ou ele era *meu* filho!

Outros tantos, informados – e não muito bem – da possibilidade de intercâmbio com os espíritos, querem logo, a toda força, saber notícias do ente que partiu. E se nada conseguem, ou se o que conseguem não os convence, redobram as reclamações e se revoltam contra Deus e contra as religiões em geral que, no seu entender, de nada lhes serviram na hora da dor.

No entanto as coisas não se passam assim. Como muito bem costuma dizer nosso querido Chico Xavier, a ligação com o mundo póstumo só funciona de lá para cá, e quando possível e permitido. Não se pode exigir, daqui, que nossos 'mortos' nos falem a qualquer momento que desejarmos, como quem faz uma ligação internacional pelo sistema DDI. O mundo espiritual tem suas ordenações e leis próprias, respeitáveis e respeitadas.

O trabalho desenvolvido pelo Chico, na fase final de sua longa e fecunda existência, voltou-se para esse aspecto da vida – o da palavra de consolo. São incontáveis os depoimentos de seres, principalmente jovens e, entre estes, com predominância os que morreram em acidentes de trânsito. Não é só aproximar-se a mãe inconsolável, do Chico, para que ele mande chamar o espírito do filho morto e o obrigue a dar uma mensagem, na hora.

Há uma disciplina a ser considerada, um sistema de prioridades e possibilidades a observar. Não há como fazer exigências, reclamar atenção, ignorar empecilhos ou impor condições. Os testemunhos podem vir, e virão, quando possível, sob normas que ignoramos, segundo um contexto que desconhecemos, em suas minúcias e disciplina. Em muitos e muitos casos, temos de nos contentar com a convicção de que o ser que partiu continua vivo, consciente e feliz (ou infeliz), segundo suas próprias condições espirituais. Não agravemos sua situação de mal-estar nem perturbemos sua tranquilidade com o incontrolado e rebelde desespero. Infinitamente mais inteligente e humano é orar por ele ou ela, em paz, ainda que com saudade.

A prece é sedativo para a alma que ora, tanto quanto para aquela que recebe suas vibrações. O que desejam de nós os espíritos que se foram é que possamos dar prosseguimento à nossa vida, realizando-nos na prática do bem e do amor ao próximo, para que um dia possamos estar juntos novamente, mas não com a possessiva exclusividade dos egoístas.

Ninguém é de ninguém, porque somos todos de Deus. O filho de hoje poderá ter sido o pai ou o irmão de uma vida passada, ou de uma existência que ainda está nas brumas do futuro.

Não há separações para aqueles que se amam, mas há, sim, para aqueles que se julgam proprietários dos outros, apenas porque lhes proporcionaram um corpo físico para viverem por algum tempo na Terra.

Por isso, dizia Edgar Cayce, o sensitivo americano, que "o amor não é possessivo, ele apenas é".

27. "Até um dia!"

QUERIDA LEITORA E CARO leitor, é chegada a hora de nos despedirmos. Pelo menos por algum tempo. Nunca se sabe onde e quando iremos encontrar uns com os outros novamente, mesmo porque, como já foi dito páginas atrás, a vida jamais se utiliza do ponto final.

Nosso livro não foi concebido e realizado com o propósito de resolver todos os problemas possíveis nesta área tão ampla e complexa, ou de responder a todas as perguntas formuláveis, mesmo porque não teríamos todas as respostas. Limitou-se a ser uma reflexão acerca da infância do ser humano na Terra, e que ainda vemos envolvida em denso véu de equívocos.

Como pudemos observar, temos a respeito de tudo isso muitas coisas para desaprender e inúmeras outras para aprender. Dificilmente poderemos botar móveis novos na casa em que moramos – nossa mente –, a não ser que se desocupe espaço, que antigas peças inservíveis estão atravancando indevidamente. Mas a renovação não consiste apenas em desfazer-nos de tudo o que possuíamos para adquirir tudo novo em folha. Para certos aspectos, basta nova disposição nos arranjos ou restauração das peças antigas que ainda podem ter serventia.

Sabemos, por exemplo, de remotas crenças, que o ser humano é dotado de alma e que essa alma é imortal, ou, pelo menos, que sobrevive à morte do corpo que ocupa na Terra. Tudo bem. Há, porém, um móvel imprestável obstruindo a sala, num dos seus pontos mais importantes – o de que essa alma é criada no momento da concepção ou do nascimento, quando em verdade ela já existia antes, em outras vidas e, certamente, voltará mais vezes, em futuras existências na carne.

O conceito da responsabilidade pessoal de todos os seres pelos atos que praticam pode e deve continuar compondo nosso mobiliário intelectual, mas tem de passar por certas alterações e modernizações. Não se responde, com a condenação eterna, ao cabo de uma só vida e de maneira irrecorrível, pelos erros dessa existência. Como, também, não vamos direto para o céu, por mais perfeita que tenha sido a vida, do ponto de vista humano. Mesmo porque o céu também é peça que só nos pode continuar servindo se passar por boa restauração. Oportunidades de recuperação nos são incansavelmente concedidas pelas leis divinas. Se a nós o Cristo recomendou perdoar setenta vezes sete, quantas vezes nos perdoaria Deus? A resposta é: *sempre*. Acontece que também o conceito de perdão precisa de umas escovadelas e talvez de um estofamento novo, porque perdoar não é apagar o erro cometido com um passe de mágica. A mágica é ilusão e as leis são realistas e objetivas. O perdão, que as leis nos concedem, expressa-se em oportunidade de fazer de novo aquilo que fizemos errado. Até aprender.

Morrer não é tragédia alguma e quase sempre – se o procedimento da pessoa foi satisfatório, mesmo dentro de suas óbvias limitações – é um momento de libertação e de reencontro com inesquecíveis amores. Nascer é que é problemático, porque trazemos programas e tarefas, obrigações e compromissos que nem sempre conseguimos cumprir de maneira adequada, quando não os agravamos com novos erros.

Entre vivos e mortos, ou seja, entre pessoas vivendo na carne e pessoas que vivem no mundo póstumo, há um intercâmbio muito mais intenso e ativo do que suspeitamos, ainda que dele nem sempre tomemos conhecimento consciente. Pessoas dotadas de faculdades especiais podem servir de intermediárias entre essas duas faces da vida, pondo em ação um processo que nos mostra importantes aspectos das condições que nos aguardam do lado de lá. Sempre é bom lembrar, porém, que tudo é vida, tanto deste lado como do outro. E que os 'mortos' são pessoas, como nós.

As crianças são gente, também. Pessoas adultas, vividas, experimentadas e dotadas, às vezes, de maior capacidade intelectual e maior bagagem cultural do que muitos de nós. A dificuldade que experimentam, nos primeiros anos de vida na carne, é apenas a de movimentar satisfatoriamente sua maquininha de viver na Terra, que só fica 'pronta' para funcionar aí pela adolescência e, nas suas melhores condições, lá pela maturidade.

As limitações demonstradas pelas crianças, portanto, não são devidas à precariedade de seus espíritos, mas às deficiências do instrumento de que estão se utilizando para viver na Terra, ou seja, seus corpos físicos. Não poucos anos são consumidos em adaptar-se a esse corpo, à espera de que possa responder adequadamente aos comandos da mente que a ele se acoplou, quando o espírito dele se apossou no início da gestação. O aprendizado é lento e difícil, pois envolve muitas complexidades, ditadas pela necessidade de adaptação ao meio, desenvolvimento de um correto sistema de comunicação, formação cultural, recuperação de habilidades físicas e mentais, bem como uma técnica de convivência com os seres junto aos quais fomos colocados.

Os mecanismos da vida são sutis e inteligentes. Na formação do corpo físico pode-se observar uma recapitulação de multimilenares conquistas biológicas. É como se o corpo repassasse, em cerca de nove meses, todos os milênios de sua experiência filogenética, desde que, no dizer de Lyall Watson, a vida *aprendeu* a duplicar-se, ou seja, a reproduzir-se. Se Watson não se aborrece comigo, eu diria de outra maneira: não foi a vida que *aprendeu* o processo da duplicação, foi ela que o *ensinou* aos seres, porque tinha sobre todos nós planos que nem de leve poderíamos imaginar, pois não dispúnhamos, sequer, de imaginação.

Também o espírito parece fazer uma espécie de recapitulação do seu processo evolutivo. Embora venha para a existência corporal com todo seu potencial devidamente preservado e pronto para interagir com o meio, esse conhecimento e essa experiência pregressa ficam como que segregados em compartimento fechado, mas não de todo inacessível. Ele precisa de uma oportunidade, de um recomeço, como se recém-criado, simples e ignorante, como dizem nossos instrutores, o que vale dizer, em estado muito semelhante ao de pureza e inocência que se costuma atribuir às crianças.

Talvez tenha sido por isso que Jesus recomendou aos discípulos que não impedissem que viessem a ele as crianças, porque delas era o Reino de Deus. Regredido à sua infância espiritual, o espírito costuma ser simples, puro, ingênuo, espontâneo e autêntico. Está na fase em que se põe ao alcance de alguma influência, seja num sentido ou noutro, isto é, para o bem ou não. Muito do sucesso ou fracasso de tais influências vai depender das estruturas e matrizes comportamentais que a criança traga consigo, como espírito preexistente que é. Em intensidade maior ou menor, estaremos sempre abertos a certo grau de influência alheia, mas em nenhuma fase é tão evidente essa predisposição como na infância.

Daí a grave responsabilidade de pais, tutores, orientadores e educadores de crianças, que poderão ser estimuladas a dar importante passo à frente, desenvolvendo faculdades e potencialidades que trazem em si mesmas, como também poderão estacionar na ociosidade, ou até mesmo recair em situações que já poderiam ter sido superadas se lhes fossem incutidos os adequados hábitos de vida, as motivações corretas, o sadio propósito de caminhar no sentido da realização pessoal, como espírito, na ampla e luminosa perspectiva do processo evolutivo.

É da maior importância, em tudo isso, a presença de Deus, não como mero conceito teológico, ou *necessidade* de crer e conveniência de pertencer a esta ou àquela instituição religiosa, mas como *convicção*, como princípio ordenador de toda a existência, essência mesma do processo da vida.

Não *temos* de ser, necessariamente, cristãos, muçulmanos, budistas ou judeus para 'salvar' nossa alma, de ir ao encontro das huris, de alcançar o nirvana ou de nos aninharmos no seio de Abraão. Tudo isso são imperfeitas imagens, maneiras inadequadas de figurar uma realidade única – a da perfeição espiritual, que Jesus conceituou como sendo a realização do Reino de Deus em nós.

Os livros sagrados de todas as religiões dignas de seu nome e tradição contêm princípios aproveitáveis, mas não é lendo tais livros, como se fossem meros tratados de filosofia ou praticando uma bateria de ritos e posturas, que vamos chegar ao estado de perfeição que a todos nos aguarda. É praticando *mesmo*, com convicção, as singelas leis do amor fraterno, pois o universo é uma só e imensa fraternidade, distribuída em incontáveis comunidades de seres inteligentes, espalhados pelo cosmo afora, de galáxia em galáxia.

Teríamos, pois, muitas perguntas a colocar em debate. A belíssima aventura de viver apresenta inúmeras facetas e aspectos. Um de tais aspectos é, justamente, o estimulante esforço da busca. Um espírito amigo, dotado de poderosa inteligência e rico de conhecimentos confessou-me, certa vez, que, longe de sentir-se frustrado pelo que ainda ignorava, a respeito das maravilhas da vida, mais fascinado se sentira perante as belezas que ainda tem a aprender nos imensos livros do infinito, mesmo porque ele, como nós, aqui, levava consigo mais perguntas do que respostas. Viver nunca será um ofício rotineiro.

Não foi nosso propósito, por isso, ensinar como são as crianças, como devem ser encaminhadas ou como podem ser desencaminhadas por nossa incúria: o objetivo foi o de questionarmo-nos juntos, trocar ideias, suscitar a doce ânsia de aprender mais, de decifrar outros enigmas da vida, ampliando o espaço do conhecimento, sempre conquistado pacificamente ao território desconhecido da ignorância, onde permanece a imensa reserva do saber futuro.

Se posso pedir-lhe algo, leitor, é que continue pensando, questionando e meditando. Se soubermos perguntar, com verdadeiro propósito de aprender e com a dose certa de humildade, a vida irá respondendo, ou, para dizer a mesma coisa de outra maneira, Deus em nós responde com a luz, fazendo recuar as sombras. É assim que podemos ver o quanto é belo e vasto o mundo que Ele fez para nós e que não estávamos percebendo precisamente porque a sombra estava em nós, não no mundo.

Como somos todos companheiros de jornada e a vida é um modo de viajar – e não uma estação, como disse alguém –, é provável que nos encontremos por aí, durante a viagem. Ou que já nos tenhamos encontrado alhures, no passado.

Até um dia, portanto...

P. S. – Alguns aspectos deixaram de ser aqui considerados, em primeiro lugar, para não avolumar demais o livro; em segundo, porque foram tratados em outros estudos meus, ou alheios. Ocorre-me lembrar quatro de tais aspectos: a educação, a família, a sexualidade e as drogas, que têm, todos, muito a ver com a temática deste livro. Ao leitor interessado recomendo o livro do querido amigo e companheiro de ideal Deolindo Amorim, *O espiritismo e os problemas humanos*, para o qual escrevi os capítulos finais, precisamente sobre os temas acima mencionados.

É preciso não esquecer, contudo, que aprendemos mesmo é abrindo o livro supremo da própria vida, para que ela mesma nos revele seus mistérios...

28. O ofício de viver

OFICIALMENTE, ESTE LIVRO terminou no capítulo anterior, no qual até nos despedimos, o leitor e eu. Um problema, contudo, me restou ainda, como que 'engastalhado' nos canais por onde circulam os pensamentos, no sistema que o amigo espiritual referido alhures caracterizou como sendo o condutor, sem chegar especificamente ao expressor. Resolvi examiná-lo de perto e disso preciso dar conta ao leitor, mesmo depois de devidamente despedidos um do outro. É o seguinte.

Não há dúvida de que o leitor e a leitora familiarizados com os aspectos da realidade espiritual abordados neste pequeno debate sintam-se perfeitamente à vontade com as ideias aqui ventiladas e com os conceitos colocados sobre a mesa. Acontece que o livro é objeto que circula por toda parte e a todos leva sua mensagem, às vezes potencialmente perturbadora, no sentido de que pode causar certa 'desarrumação' em nosso microcosmo pessoal. Nossas ideias têm certo arranjo, ao qual estamos acostumados. Sabemos perfeitamente onde encontrar isto ou aquilo e como caminhar pelos corredores e aposentos da mente, com a segurança da pessoa que, após viver muitos anos numa casa, é capaz de achar até um livro em determinada estante em plena escuridão, porque tudo lhe é familiar.

De repente alguém se mete em nossa casa, muda tudo de posição e troca até a serventia dos cômodos, levando os móveis do quarto de dormir para a sala de almoço e a biblioteca para a copa, ou os estofados para o jardim.

Como reordenar toda essa caótica situação?

É justo, pois, considerar o caso daqueles leitores inteligentes e abertos a novas ideias e propostas, mas que não haviam ainda pensado na possibilidade de tais coisas serem mesmo verdadeiras ou, pelo menos, não haviam pensado nisso a sério, como elemento vital da ordenação de suas vidas e na maneira de considerar as crianças que nos cercam – filhos, netos, sobrinhos ou apenas de famílias amigas e conhecidas.

Então, é verdade mesmo que somos todos seres preexistentes? Quer dizer que já vivemos antes e até podemos ter conhecido nossos pais, irmãos e amigos de outras existências? Quer dizer, então, que a morte não é essa coisa definitiva e irrecorrível que pensávamos ser? Será que estou na religião errada e devo mudar toda a minha filosofia de vida?

Vamos com calma leitor/leitora.

Se seu sistema interno de aferir os valores da vida estiver mesmo defasado com relação aos conceitos básicos que expusemos no livro, é certo que você está precisando de boa reformulação estrutural. Isso, porém, não é o que se costuma chamar *sangria desatada*, embora constitua, a meu ver, importante prioridade para você cuidar. Você não será a primeira, a única, nem a última pessoa a ver-se, de repente, colocada perante uma realidade da qual não havia ainda suspeitado ou que não havia considerado com a devida atenção. Não importa. Vamos por partes.

Talvez seja oportuno voltarmos por uns momentos ao precioso livro da eminente dra. Helen Wambach, pois ela teve sob seus cuidados pessoas que também passaram por esse período de perplexidade.

Eu próprio fui testemunha de um episódio desses, através de uma gravação, na qual a pessoa hipnotizada discorreu, com os detalhes necessários, sobre uma de suas vidas anteriores e, em seguida, foi despertada e ouviu seu incrível depoimento. Era um homem de boa cultura geral e técnica (dentista de profissão), inteligente, sensato e bem posto na vida, falando de sua própria encarnação anterior, coisa que nunca lhe passara pela cabeça. Além do mais, como conciliar aquilo com suas crenças e práticas protestantes, ele que, segundo seu próprio relato, fora sacerdote católico da vez anterior?

Costumo dizer que quando não podemos mudar os fatos – o que, aliás, acontece com frequência – temos de mudar nossa postura diante deles. Como na conhecida história de Maomé e a montanha. Se a montanha não vem até onde estamos, temos de ir até onde *ela* está, se é que temos mesmo de galgá-la. E temos!

O universo pesquisado pela dra. Helen Wambach é integrado por um grupo heterogêneo de pessoas, ligadas a diferentes sistemas religiosos ou desinteressadas de especulações desse tipo. Muitas dessas pessoas se viram na contingência de descrever "impressões que estavam em conflito com suas crenças conscientes".

Não foram poucas as surpresas e perplexidades.

> Eu continuava a achar que as informações que me chegavam à mente [dizia uma pessoa] eram insensatas, mas suas perguntas sucediam-se com rapidez e eu me lembro das minhas respostas. Tinha a impressão de que se eu tivesse mais tempo, as teria respondido de modo diverso, *porque elas estão em conflito com aquilo em que creio.*

Isto é certo. Com tempo para pensar, o consciente interfere e molda as respostas segundo o que a pessoa *acha* certo, não as deixando sair nos termos em que a informação está emergindo do subconsciente, ou seja, da própria individualidade espiritual ali presente.

A dra. Wambach diz o seguinte:

> A grande maioria de meus pacientes, ao expressarem seus pensamentos a mim, após a experiência, confessaram-se perplexos acerca do material que emergiu e que *precisariam de algum tempo para digerir aquilo tudo.* (Destaque meu.)

> Conscientizei-me de como sou um mistério para mim mesma [diz outra senhora] e fiquei a meditar sobre as potencialidades contidas em meu esquecido passado [...]

Como pode o leitor perceber, não estamos aqui cuidando de vagas e passageiras impressões, mas de realidades insuspeitadas, que mexem com as profundezas do nosso ser e trazem consigo uma forte carga emocional. Tenho por hábito destacar, em experiências desse tipo, o importante fator da emoção suscitada, e observo, com alegria, que também a dra. Wambach o valoriza adequadamente. É difícil, senão impossível, fingir emoções de tal intensidade. Elas são autenticadoras, mesmo porque ninguém está ali para armar uma farsa ou representar um papel. Para iludir a quem? A si mesmo? Ainda mais que em expressiva percentagem, a realidade contemplada pela pessoa não confere com aquela que ela *acredita* ser verdadeira. Acreditar que as coisas se passam desta ou daquela maneira é bem diferente de *observar* como, de fato, ocorrem.

Por tudo isso a dra. Wambach informa que, após as experiências de regressão, seus pacientes apresentavam-se um tanto pensativos.

"Tinham todos", escreve ela, "um olhar distante (...), pareciam notavelmente pensativos e contidos (...)"

É que acabavam de regressar, como disse uma delas, de "uma longuíssima jornada" por insuspeitada região de si mesmos.

Insisto em dizer ao caro leitor e à querida leitora, nestas linhas finais, que este livro não foi elaborado com intenção proselitista, ou seja, com o objetivo de atraí-los para as fileiras do movimento espírita. Não sou muito chegado a essas questões, meramente estatísticas, mesmo porquê, como também já foi dito, o espiritismo não se considera proprietário dos conceitos básicos em que se apoiam suas estruturas doutrinárias. A verdade não tem dono, porque é de todos. É, portanto, sua também, leitor/leitora. O importante na tarefa de administrar o relacionamento pais/filhos está na nítida convicção da realidade espiritual. Ou seja, a de que trazemos em nós um vasto e pouco explorado universo inespacial extremamente rico em potencialidades, cujo conhecimento muito poderá ajudar-nos a entender melhor aquilo a que costumo chamar de *o ofício de viver*.

Outro conceito favorito meu é este: só progredimos substituindo ideias obsoletas e inservíveis por ideias novas, ainda que, de início, um tanto traumáticas ao nosso sistema pessoal de pensar e viver.

Eu costumava dizer, também, que – além de Deus, que é imutável – só existe uma coisa permanente na vida: é a mudança. Mas um dia descobri que Heráclito havia dito a mesma coisa, e então perdi o direito de propriedade sobre uma das 'minhas' frases prediletas. Enfim, Heráclito *também* é um sujeito inteligente e a frase continua válida. (Atenção para o tempo presente: Heráclito *é*, pois continua tão vivo quanto você e eu.)

No fundo, podemos sentir certa saudade das antigas e superadas ideias, que nos pareciam confortáveis e definitivas, mas acabamos gostando melhor da nova arrumação, ao verificar que sobrou mais espaço para pensar e viver. Pelo menos até que tenhamos de trocar, uma vez mais, velhas peças inúteis por novas, e dar-lhes, em nossa mente, disposições ainda mais harmoniosas. Um dia, acabamos surpreendidos com a realidade de estar já vivendo no tão sonhado Reino de Deus.

Mas, afinal, a vida é isso mesmo: movimento, maturação, realização, evolução a desdobrar-se pelo infinito afora...

Caro leitor, como você está cansado de saber, isto não é um livro e sim uma conversa e conversa com amigos não tem fim. Muita coisa aconteceu depois que foi lançada a primeira edição deste texto, em 1989. Eu ficaria frustrado se não lhe contasse que, em 1991, ganhei uma espécie de 'diploma de pai'. Achei, pois, que era de meu dever partilhar com você essa alegria. Se você, por acaso, vislumbrar uma pontinha de orgulho nos meus olhos molhados, que fazer? Afinal, ninguém é perfeito e nem de ferro...

Vire a página e confira.

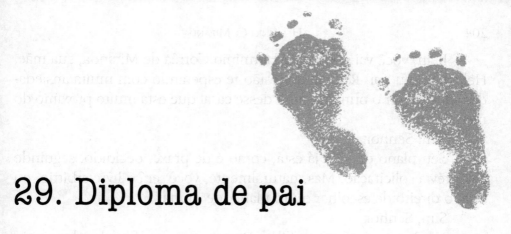

29. Diploma de pai

CERTAMENTE VOCÊ JÁ VIU Diploma de Mãe, desses que são vendidos em bancas de jornais, já impressos, e que só precisam ser preenchidos nos lugares certos no Dias das Mães, para entrega àquela pessoa muito especial, no seio da qual sua atual existência começou. Não sei se vocês já viram Diploma de Pai. Se não viram, verão agora, pois tenho um para exibir, rogando-lhes as desculpas pela falta de modéstia. Eu o ganhei no dia em que comemoramos, a esposa e eu, 49 anos de casamento. Foi escrito por Ana-Maria, aquela mesma pessoinha com a qual este livro começou.

É um diálogo entre o escriba que vos fala e o Pai Eterno. O cenário é o céu, o ano, 1920.

Por ordem do Senhor, Pedro, o querido Pescador de Almas, porteiro perpétuo da mansão celestial, recebe aquele que seria eu e me leva à presença do Altíssimo. Acho até que a Ana-Maria estava por lá, escutando discretamente, por trás de alguma nuvem diáfana, dado que ela reproduziu fielmente a momentosa conversa.

Eis o que ela escreveu:

"– E como vai você, meu filho?

"– Vou muito bem, Senhor. Melhor agora, na Sua presença.

"– Que bom que você pensa assim. Mas, te chamei aqui porque, você sabe, você pediu para voltar e resolvi que você vai descer dia 5!

"– Dia 5!?

"– É. Lá na Terra, tem dia, hora, meses, essas coisas... Lá existe o tempo.

"– Ah, sei...

"– Bem, você vai se chamar Hermínio Corrêa de Miranda; sua mãe, Helena, e seu pai, Reduzindo, estão te esperando com muita ansiedade. Você vai ser o primeiro filho desse casal que está muito próximo do meu Amor.

"– Sim, Senhor.

"– Seu plano de vida já está, como é de praxe, decidido, seguindo sua prévia solicitação. Mas, naturalmente, você terá o livre-arbítrio, ou seja, o direito de escolher outro plano, de mudar.

"– Sim, Senhor.

"– Você vai primeiro ser filho. Depois, vai ser afilhado, depois, irmão, depois aluno, e...

"– Aluno, Senhor?

"– É, aluno e tio, primo, funcionário, e assim por diante, até ser namorado, noivo e esposo, pra depois ser... Pai. Esta é a mais importante de todas as categorias citadas.

"– Pai, Senhor? Pensei que só o Senhor pudesse ser Pai.

"– Bem, digamos que sou o Pai de todos os pais.

"– Ah, sei...

"– Mas você também vai ser Pai, como disse. Você pediu três filhos; duas meninas e um menino.

"– É mesmo, Senhor?

"– É. Primeiro, é claro, tem a Inez – aquela que vai ser a eterna companheira, a mãe de seus filhos. Depois então, virão a Ana-Maria, a Marta e o Gilberto.

"– Ana-Maria, Marta e Gilberto?

"– É. Foi o que você pediu. Vão te dar muito trabalho, muitos problemas, muitas descrenças, muitos desgostos, mas algumas alegrias que compensam muito de tudo isto. É assim que os pais pensam...

"– Sei...

"– Naturalmente, que isto só vai começar a acontecer daqui a 23 anos.

"– Naturalmente, Senhor. Vinte e três anos...

"– Mas, como ia dizendo, de tudo o que você pediu pra ser, ser Pai é o mais difícil lá na Terra. E com o passar dos anos, vai ser cada vez pior.

"– Entendo, Senhor...

"– Não, meu filho, você não entende. Mas quando chegar a hora você saberá o que fazer; às vezes até com muito sacrifício, renúncia, angústia e até revolta. Mas, com muita compreensão.

"– Senhor, me parece difícil demais. Revolta e compreensão?!

"– É, realmente. Você é quem sabe. Foi o que me pediu.

"– Estou muito receoso, Senhor. Ser pai, como o Senhor... Não vou conseguir.

"– Quem sabe? Daqui a muitos anos, vamos nos encontrar de novo e assim retomaremos esta conversa...

"– Sim, Senhor... Mas, vejo dois envelopes em Suas mãos. São para mim?

"– Ah, já ia chegar lá. Vamos ver. Este aqui, contém minhas instruções para a sua vida de pai. Aqui estão as soluções para todas as situações que vai enfrentar com Ana-Maria, Marta e Gilberto. Aqui está o que lhes dizer, fazer, aconselhar, ensinar, repreender, incluir, tudo. Vou instalar estas instruções no computador do seu espírito!

"– Computa... o quê, Senhor?

"– Computador? Um dia você vai saber. Quando chegar a hora de resolver o problema com um dos rebentos, é só você chamar a memória e já virão todas as MINHAS instruções. Aqui está o programa.

"– Obrigado, Senhor, mas deve haver algum engano, aqui só há uma folha de papel em branco!

"– Não é engano não, meu filho. É que só os PAIS podem ler o que está aí.

"– Ah, entendi, Senhor. E o outro envelope?

"– Este contém uma única palavra.

"– Só uma?

"– Só uma. E você só vai poder abrir este envelope no dia em que sentir necessidade de saber uma coisa muito importante.

"– Verdade, Senhor?

"– É.

"– Mas que coisa é esta? Algo relacionado com os filhos?

"– Sim. Vou explicar. Eu sei o que você pensará a respeito de seus filhos. Sei o que eles três pensarão a teu respeito. Mas você não saberá o que eles pensam a teu respeito, como pai.

"– Ah...

"– Então, no dia em que você quiser saber, abra este envelope. Se pelo menos um deles três te chamar da palavra escrita aqui, nesta folha, você terá se aproximado ainda mais de MIM, como... PAI.

"– Sim, Senhor.

"– Bem, chegou a hora. Daqui a um segundo, você não se lembrará de mais nada, por muitos e muitos anos. Vai, Herminio. Minha bênção e boa sorte.

"– Obrigado, Senhor. Vou sentir Sua falta. Até a volta...."

(O segundo ato se passa na Terra, em 1991. O casal está comemorando 49 anos de união. Recebo de Ana-Maria, o seguinte recado:)

"– Pai, abra aquele envelope hoje. Veja se a palavra escrita pelo Senhor, não foi... AMIGO.

"... era."

Assim, este livro, que começou com Ana-Maria, vai chegando ao final com esta página que ela criou com o talento e a emoção de que foi generosamente dotada. Ela assinou o meu Diploma de Pai. Ele me responde a uma das perguntas que eu li nos olhos de Ana-Maria, quando, pela primeira vez, nos encontramos do lado de cá da vida. Lembram-se? Ela se perguntava assim: – Será que esse sujeito vai ser um bom pai para mim?

Com ele, poderei, um dia, me apresentar *lá em cima*, como aquele trabalhador de que falou Paulo, que não se envergonhará do trabalho que realizou por aqui, na Terra.

30. Diploma de pai
Parte 2: a missão

A CONVITE DE ALEXANDRE Machado Rocha, meu editor, participava eu de uma noite de autógrafos, na Bienal do Livro, em São Paulo, em maio de 2000, quando se aproximou de nós um grupo de jovens casais. Desejavam me conhecer pessoalmente, queriam alguns autógrafos e me entregaram um belo dossiê organizado por gente que entendia de informática e de emoções. Da primeira, nada entendia eu e não progredi muito nesse meio tempo. Creio, porém, que entendo um pouco mais de emoções porque é com elas que tenho procurado trabalhar como simples escriba. Acho mesmo que sem botar o coração naquilo que a gente escreve, o texto fica ressecado, frio e meio turvo. E por isso, não chega ao coração daqueles e daquelas a quem me dirijo. E se o escrito não vai além da cabeça é porque o escritor não pôs nele o tempero das suas próprias vivências, os ritmos de suas pulsações de solidariedade e desejo de partilhar com leitores e leitoras um pouco daquilo que aprendeu de bom.

Mal sabia eu que aquela noite me reservava um surto de emoções tais que raramente tenho experimentado no correr desta longa vida.

Esta é mais uma das boas coisas que me proponho partilhar com você que me lê agora.

Como você viu, este livrinho despretensioso – que tantas alegrias me tem proporcionado – teve um capítulo suplementar e inesperado, ao qual dei o titulo de "Diploma de pai", escrito por Ana-Maria, minha filha mais velha. Vejo-me agora na contingência de escrever o de número 30, para contar mais uma historinha mágica e não menos comovedora.

Os casais que me visitaram na Bienal tinham algo em comum – eram todos pais e mães de crianças autistas.

Não dispúnhamos, ali, de tempo suficiente para uma conversa mais longa e muito desejada por mim e, certamente, pelos meus queridos visitantes. Mais tarde, noite avançada, de volta ao hotel no qual me hospedara, me foi possível examinar a documentação que me fora entregue.

Foi aí que a válvula das emoções disparou.

Primeiro: o dossiê abria com uma página colorida encimada pelos seguintes dizeres:

"Editora Lachâtre: Temos uma capa personalizada para esse grande livro. Em seguida, uma reprodução da capa do livro sobre o autismo, com a seguinte alteração: em vez de *Autismo – uma leitura espiritual*, estava escrito *Autismo – uma leitura fraternal*."

Seguiam-se os seguintes textos:

"Há quem goste das famosas continuações de filmes no cinema. Particularmente, acho de gosto discutível produções como *Rocky* I, II, III, IV, ou *Duro de matar* (e de assistir) I, II, III. Mas o que vamos apresentar aqui com certeza vai fazer muito sucesso entre algumas pessoas especiais.

"Diploma de Pai – parte 2: a missão

"– Bem, chegou a hora. Daqui a um segundo, você não se lembrará de mais nada, por muitos e muitos anos. Vai, Herminio. Minha bênção e boa sorte.

"– Obrigado, Senhor. Vou sentir Sua falta. Até a volta...

"– Espere, meu filho. Tenho outro envelope. Mas não é exatamente seu, mas diz respeito a você.

"– Tem a ver com meus filhos, Senhor?

"– Mais ou menos. Você vai poder se comprometer com esse envelope ou não, esse é, digamos, opcional. Você é quem decide

"– Mas o que contém esse envelope, Senhor?

"– Meu querido filho, como lhe disse, você será aluno, tio, primo, funcionário, namorado, noivo e esposo, para, depois, ser... Pai. Como também lhe disse, terá três filhos que serão muito amados e te trarão muitas alegrias. Mas esse envelope contém muitos, muitos sabe, Herminio, eu nem contei quantos outros envelopinhos.

"– Envelopinhos dentro do envelope, Senhor?

"– Sim, esses envelopinhos são filhos de outros pais e de outras mães. Chegarão até eles, assim fechadinhos, parecendo conter um grande e doce mistério. Esses filhos-envelopinhos são minhas mensagens para esses pais e para quem estiver por perto. Quem abrir esses envelopinhos com muito amor, meu filho, poderá alcançar a compreensão de coisas muito importantes.

"– Poderia perguntar quais, Senhor?

"– Uma delas é o entendimento do que é o ser 'humano' em todas as suas dimensões. Você, Herminio, terá a missão de ajudar esses pais a abrir esses envelopinhos.

"– Não sei se entendi muito bem, Senhor. Parece ser uma grande responsabilidade. Como ajudar outros filhos que não são meus? Eu nem sei como me sairei como pai, como, então, ajudar outros pais?

"– Você saberá como e quando, Herminio. Muitos estarão fazendo o mesmo, tentando abrir esses envelopinhos, mas tu contribuirás com a tua parte. Aceita a missão?

"– Meu Senhor, tu me deste muita força, carinho e incentivo e tenho a certeza de que poderei sempre contar contigo naqueles momentos em que as dificuldades aparecerem. Por isso aceito, sim, a missão.

"– Não te atrasarei mais, meu filho. Vai, Herminio. Minha bênção e boa sorte! Daqui a um segundo, você não se lembrará de mais nada, por muitos e muitos anos.

"– Obrigado, Senhor, pela confiança depositada. Até a volta! Sentirei mesmo a Sua falta.

"(O segundo ato se passa na Terra, no ano 2000. Herminio está autografando um dos seus livros mais conhecidos na 16ª Bienal Internacional do Livro, na cidade de São Paulo.

"Chegam às suas mãos alguns papeis. Ele os reconhece!!! São alguns daqueles envelopinhos. Não estão mais fechados. Estão abertos e ele percebe que de lá saem muitas mensagens de Deus. Herminio sorri e agradece a Deus, o seu Senhor e nosso Senhor, por lhe ter confiado tão especial missão...)"

Esse texto, iluminado pelo amor e pela emoção, é de autoria de Cristina Aparecida H. Lopes, que fala por ela e por seu muito querido Gabriel.

Junto do texto, veio a seguinte carta:

"Querido Sr. Herminio,

"Eis alguns dos envelopinhos de Deus!

"Nós, pais, estamos tentando fazer por merecer tão maravilhosos presentes do nosso Criador, entender Sua mensagem e multiplicá-la, oferecendo a toda humanidade, através do convívio com esses envelopinhos, a gratidão a um Deus soberanamente justo e infinitamente bom.

"Tive imensa alegria de receber um telefonema seu em 10.11.1998, agradecendo o *email* enviado à Editora com comentários sobre o livro *Autismo – uma leitura espiritual*. Foi uma emoção muito grande.

"Sou mãe do Gabriel, hoje com 6 anos. Ele está muitíssimo bem. Moramos em Sorocaba, SP. O Gabi frequenta uma escola em classe regular e tivemos muitos progressos, apesar da fala não ter chegado, ainda.

"Na lista de discussão chamada Esauluz, temos com outros pais e profissionais através dessa sintonia virtual da internet, à luz da Doutrina Espírita, trocado ideias e sentimentos sobre a criança que está especial, porque como o senhor diz, sem esse *input* espiritual não se chega muito a fundo de nada, nada, não é? (Verá, a seguir, que Nilton Salvador, autor de *Vida de autista*, também participa dessa lista e lhe envia uma mensagem.)[3]

"Veja só, desde 16.04.2000, estamos estudando sistematicamente na lista o livro *Autismo*, onde o companheiro Daniel coloca um resumo de cada capitulo e suas observações. A seguir, outros participantes da lista que quiserem, tecem seus comentários.

"Então, quando soubemos que estaria na Bienal, resolvemos prestar singela homenagem, tentando retribuir com carinho o que temos re-

---

[3] Nilton Salvador é jornalista profissional e escritor e tem um filho autista, sobre o qual escreveu o livro mencionado nesta carta.

cebido através de seus livros. (Olha, a fonoaudióloga do Gabriel não é espírita e está adorando o *Autismo – uma leitura espiritual*.)

"Sr. Herminio, acho que é quase um fã-clube. Ainda não lemos todos os seus livros, mas a vontade é de poder ler todos.

"Despeço-me com um grande abraço, com a foto de Gabi (temos três 'Gabriéis' na lista) e com um trecho do livro *O castelo das aves feridas*, cuja autora a senhora Nancy Puhlmann di Girolamo, me indicou certo dia, a leitura de *Alquimia da mente*:

"'Somos interdependentes, interligados. Uns estão na posição de pais, lá embaixo. Outros são técnicos e pesquisadores. Alguns estiveram antes de asas cortadas e permanecem ligados afetivamente. Outros causaram os cortes. Vários estão ajudando para que não precisem perder as próprias asas (...)somos todos como da mesma família'.

"Muito obrigada,

"São Paulo, 07 de maio de 2000
"Cristina Aparecida H. Lopes e Gabriel"

Claudia e Sidney R. A. Pereira me escrevem de Volta Redonda, RJ, minha terra. Eles também receberam um envelopinho de Deus e conseguiram abri-lo e ler lá dentro, a mensagem que o seu Gabriel desejaria me enviar. Vejam que linda:

"Caro Sr. Herminio Miranda,

"Meu nome é Gabriel, tenho 11 anos e estou cumprindo muito feliz esta minha passagem pela Terra como autista. Sr. Herminio, posso chamá-lo de amigo?

"Minha mãe Claudia pediu pra dizer (mesmo que eu só fale com o olhar) que foi graças ao seu livro *Nossos filhos são espíritos* que ela descobriu essa Doutrina de amor, que é a espírita. E que, graças ao seu livro *Autismo*, ela aceita muito melhor a nossa realidade e encara nossa missão com mais amor.

"Eu e minha mãe, gostaríamos muito de lhe agradecer pelo trabalho maravilhoso que vem fazendo, escrevendo livros tão emocionantes. Ela já leu quase todos. Meu amigo, mesmo não nos conhecendo, fique sabendo que faz uma diferença em nossas vidas. O senhor tem um lugar muito especial em nossos corações.

"Receba meu abraço o de minha mãe e de todos os amigos da Esauluz. Fique com Deus. Gabriel.

"Volta Redonda, RJ"

Leiam, a seguir, outro belo depoimento, o de Silvânia Mendonça, mãe de André Luis Rian, de 10 anos, na época, em maio de 2000:

"Meu querido irmão em Cristo Herminio Miranda,

"Somos da Esauluz. A Esauluz é uma lista da internet, que abraçou a causa da criança autista ou, melhor dizendo, da criança que *está especial*.

"Somos unidos pelos nossos filhos, pela nossa imensa vontade de aprender a Lei máxima da causa e do efeito, unidos pela mesma causa de amor. Nossas crianças *estão especiais*. Assim, unidos à luz da Doutrina Espírita, partilhamos nossas experiências, nossas mensagens, nossos diálogos, nossas vidas. O mais interessante, sabe, amigo querido, é que para nós, as distâncias físicas não existem; estamos em São Paulo, no Rio de Janeiro, em Fortaleza e em muitos outros lugares, inclusive, em Portugal. Na verdade, a unidade vibracional da lista achega-nos, constantemente, a cada instante.

"O nome Esauluz veio das seguintes diretrizes: espiritismo, autismo, luz (conhecimento). A meta é simples e muito dinâmica: "Instruí-vos, esta é a lei."

"Saiba você, querido amigo, que você foi um dos nossos inspiradores, quando disse no seu livro *Autismo – uma leitura espiritual*: "Se você não puder curar a criança autista, ame-a. De todo o seu coração, com todo o seu amor e toda aceitação. Alguma tarefa importante ela está desempenhando junto de você, certamente para proveito de ambos (...) *Confie, trabalhe e espere*."

"E assim, seguiremos. Pretendemos lançar nosso livro com nossas ideias, pretendemos dar uma pequena cota de amor em prol das crianças especiais carentes.

"E se você quiser conhecer mais intimamente, o trabalho da Esauluz, converse com o nosso irmão querido e companheiro de causa e jornada, Nilton Salvador. Poderá se integralizar também dos nossos estudos com a nossa coordenadora Eugênia, pelo *email* da Esauluz, esauluz@grupos.com. Estamos ao seu dispor, amamos sua sabedoria e suas obras de amor.

"Beijamos o seu coração com muito carinho. Fique em paz crística.

"Silvânia Mendonça

"Mãe do André Luis Rian

"10 anos – autista

"Representante da Esauluz

"Belo Horizonte, MG"

Segue-se a carta de Nilton Salvador:

"Ao Amado Irmão do Caminho

"Herminio C. Miranda

"Luz e paz!

"Quis a regência da vida, que em mais esta oportunidade não me foi possível encontrá-lo pessoalmente. Oportunidade que as luzes, tenho convicção, concederão, pois é certo que nada acontece por acaso.

"Participante que sou de grupos fraternos da doutrina, sirvo-me destas portadoras, mães e irmãs na abnegada luta contra a síndrome do autismo, em cujas mãos e vontade se propuseram levar até você esta mensagem, como uma prova de amor da sua presença, sempre constante em nossas lides, principalmente depois do advento do *Autismo – uma leitura espiritual*, que nos serve de guia alentador para continuar nossa saga com maior compreensão do que a Providência Divina nos legou.

"Com sua escrita sábia e compassiva, está conseguindo deixar a todos aqueles que te leem, melhor entendimento das consciências nos cumprimentos da solidariedade e do amor, frente aos nossos autistas, regeneradores de nós mesmos.

"Queira o amado irmão, receber por elas numa reivindicação justa e perfeita, meu testemunho de alto apreço e distinta consideração.

"Luz e Paz,

"Nilton Salvador e Família
"Curitiba, PR"

Vejamos, agora, o testemunho pessoal de Arlete:

"Estimado Herminio,

"Meu nome é Arlete.

"Moro em Fortaleza, CE. Sou mãe do Thiago, de 8 anos, portador de síndrome de Down e autismo (foto).

"Tentando entender algumas questões existenciais e, sobretudo, a condição do meu filho, me aproximei recentemente da Doutrina Espírita.

"Essa aproximação tem sido uma experiência singular na minha vida. É um novo mundo que se descortina, com novos valores, novos caminhos e novas pessoas, com quem tenho tido a felicidade de conviver, algumas das quais de forma virtual, porém todas têm me enriquecido muito.

"Nessa hora, me vi perto de você, no estudo *Autismo – uma leitura espiritual*. Me impressionou a forma clara e profunda com que você aborda um tema tão árduo e controverso. Estou fazendo uma leitura muito lenta, tentando te acompanhar o mais próximo que puder. Há muito o que compreender... sinto que ainda me falta acessar muitas coisas... que há um longo caminho a percorrer.

"Quero louvar o imenso trabalho de pesquisa a que você se lançou, para nos propiciar uma abordagem científica do autismo, medida por essa visão espiritual.

"Nós, aqui em Fortaleza, trabalhamos na direção da Fundação Projeto Diferente, instituição sem fins lucrativos, que atende a portadores de autismo, e que é gerenciada pelos pais das crianças e jovens atendidos. Lutamos com dificuldades para viabilizar o nosso trabalho, mas temos muita força e determinação.

"Pedimos seu apoio em forma de preces para o nosso trabalho, para as nossas crianças e por todos aqueles que lutam pela causa dos portadores de necessidades especiais.

"Que o bom Deus o ilumine sempre,

"Arlete"

Vejamos, a seguir, a palavra amiga de Lie, Ivan e Gabi, em *email* de 17.05.2000, logo após o encontro na Bienal:

"Sr. Herminio, como lhe passar em poucas palavras, tanta felicidade de tê-lo conhecido. Poder abraçá-lo para agradecer tanta dedicação ao semelhante.

"Sabe, devo-lhe uma explicação: sei que o senhor responde a muitas pessoas que o inquirem. Mas sou Lie, mãe de Gabriel Gustavo, que está especial. Autista. Com sua própria luz e força, mas aos poucos tem feito suas descobertas neste nosso mundo.

"Somos muito gratos por livros tão maravilhosos,como *Autismo – uma leitura espiritual*, *Nossos filhos são espíritos* etc. Seus livros são bálsamo para nossa alma.

"Perdoa só agora escrever-lhe. Somos pessoas muito simples, de costumes simples. Há tanto por aprender, há tanto por dividir que às vezes, a solidão nos assombra, mas não vamos desistir.

"Um dia, caro sr. Herminio, eu disse para meu filho: 'Eu não vou desistir de você nunca, pois sei que me amas e eu o amo mais que tudo.'

"Como o senhor mesmo escreveu em seu livro, se não podes curar o autista, ame-o. Como deixar de amar alguém que já existia em mim muito antes de eu existir

"Caro irmão Herminio, toda a luz do mundo.

"Com nosso eterno carinho,

"Lie, Ivan, Gabi"

Em resposta a essas emocionantes manifestações de apreço e carinho, escrevi a seguinte página:

"Se vocês me tivessem concedido o prêmio Nobel eu não me sentiria tão feliz como me senti ao receber o emocionante testemunho que me proporcionaram.

"Foi impraticável conversar longamente com os que compareceram à Bienal como representantes do grupo, bem como dedicar algum tempo aos nossos queridos irmãos autistas, que também estavam lá.

"Somente à noite, já recolhido ao hotel, tive oportunidade de ler o dossiê com o qual vocês iluminaram meu coração. Depois de ler os textos, fui lavar o rosto no banheiro e tinha lá, no espelho, um velho senhor me olhando, comovido, enquanto as lágrimas continuavam a correr. Eram lágrimas de gratidão, de felicidade, de amor grande, fraterno, puro, daquele que, no dizer do querido Pedro, 'cobre uma multidão de pecados'. Acho que deu para cobrir uns tantos dos meus.

"Sou muito grato a Deus, ao Cristo e aos devotados amigos espirituais por haverem tornado possível o projeto do livro, escrito com a emoção que vocês nele encontraram. Sou igualmente grato a vocês por abrirem tão amplo espaço em seus corações para o velho escriba que lhes fala. Sinto-me muito, muito feliz por saber que a mensagem que procurei passar-lhes encontrou abrigo em vocês e ainda contribuiu para inspirar o maravilhoso trabalho que estão realizando em si mesmos e nesses seres muito especiais que lhes foram confiados pela sabedoria e a misericórdia infinitas de nosso Pai Supremo.

"Como vocês sabem, eles não constituem problemas, mas mensagens vivas de amor, propostas de solução, oportunidades imperdíveis de entendimento, visando a retomadas, ali, mais adiante no tempo e no espaço.

"Adorei a expressão 'crianças que estão especiais'. Eu próprio costumo dizer que não *sou* Herminio, apenas *estou* Herminio. Um dia a gente vai olhar para trás e lembrar que este foi um período muito feliz de nossa trajetória espiritual. Tenho certeza de que lá, naquele futuro, estaremos todos reunidos, imensamente felizes e agradecidos. Vai ser uma choradeira de lavar o cosmos em lágrimas de felicidade!

"Meu carinho, meu respeito, meu amor por todos vocês e, de modo muito especial, para os nossos queridos e queridas que, por algum tempo e por alguma razão respeitável, estão especiais. São seres maravilhosos, sensíveis, inteligentes, vividos e sofridos dotados de enorme potencial e que, afinal, estão encontrando em vocês o amparo de que necessitam para reestudar antigas lições, realimentar suas almas e dar prosseguimento à estupenda aventura de viver e crescer espiritualmente na direção da luz. Viemos da luz e nela vivemos, embora nem sempre a percebamos. Lembro-me de uma entidade a nos dizer exatamente isso, maravilhada por ter acabado de descobrir que estava mergulhada na luz e só não a percebera antes porque se envolvera em sombras.

"O reino de Deus está em nós – disse Jesus. Só é preciso realizá-lo para que ele se projete à nossa volta. Somos uma só família e onde quer que estejamos, estaremos em Deus.

"Muito obrigado por existirem e por me terem aceitado em seus corações generosos. Na medida do possível, estarei acompanhando o belíssimo trabalho que estão realizando.

"Deus nos abençoe a todos. Fraternalmente,

"Herminio C. Miranda

"P. S. 1: Tenho o antigo hábito de orar diariamente, às seis horas da tarde. Nenhum rito, postura, texto, fórmula decorada ou cerimônia especial – apenas o silêncio interior, a meditação, a prece, a conversa descontraída com Deus, com Jesus e com os amigos espirituais, e, afinal de contas, comigo mesmo. A gente está ali para um processo íntimo de reverência e realinhamento com os poderes superiores que nos guiam os passos. Se e quando puderem, 'compareçam' em espírito, a esse momento mágico, se possível, com os nossos queridos que estão especiais. Tomem-lhes as mãos na suas e falem com o Pai, agradecendo-lhe a oportunidade que lhes foi concedida de estarem juntos e conscientes das tarefas a serem desempenhadas.

"P. S. 2: Outra sugestão, que você – mamãe ou papai – poderá experimentar e cuja prática tem proporcionado muitas alegrias. Procure estar presente, junto de seu querido ou sua querida, quando eles ou elas se preparam para dormir. Ambiente de silêncio e paz, à meia-luz. Durante o estado hipnagógico (entre a vigília e o sono), fale com a criança em voz baixa, tranquila e pausada sem despertá-la. Ela estará presente, ouvindo o que você diz e perfeitamente consciente de que todos nós somos entidades espirituais sobreviventes, imortais, reencarnantes, perfectíveis.

"Diga-lhe que você a ama, de todo o seu coração e é grata a Deus por tê-la encaminhado ao seu convívio. Que compreende as dificuldades transitórias, mas que pode contar com todo o seu apoio, seu carinho, sua presença e compreensão. Deus os colocou juntos para que realizassem juntos, um trabalho muito importante para o futuro de todos.

"Não hesite em falar-lhes da reencarnação e da responsabilidade de cada um de nós perante o dom supremo da vida. Fomos criados para a felicidade, não para o sofrimento. Ainda que a personalidade – o estar – ignore aparentemente, tais realidades, a individualidade – o ser – saberá muito bem do que você lhe fala.

"Deus não castiga, nem nos impõe sofrimentos. A lei não é punitiva, ela é educativa. A dor resulta de nosso atrito com a ordem cósmica, mas a misericórdia do Pai está sempre à nossa disposição e ao alcance de nossas mãos, de nossas preces, do legítimo propósito de ser bom. Estamos todos aprendendo a errar cada vez menos. Um dia – depende de cada um de nós – estaremos tão perto da perfeição que pouco espaço restará em nós para o erro. Todos temos direito à felicidade, à paz e à harmonia. Peça ao seu querido ou à sua querida, sua ajuda no projeto comum de construir esse futuro.

"Reitero minha fraternal saudação. HCM, o velho chorão do espelho.
     "Rio, 9 de maio de 2000."

Em 23.05.2000, recebi, por *e-mail*, mais uma bela mensagem de Claudia, mãe de Gabriel, e que assim dizia:

"Sr. Herminio,
"Me desculpe incomodá-lo mais uma vez. Mas, depois de ler mais de mil vezes sua linda carta à Esauluz, sobre os autistas, não resisti ao

impulso e lhe escrevi essa singela poesia (deixando claro que não sou poetisa, foi apenas o coração que quis falar).

"Aceite esse humilde presente, que é muito sincero.

"Fique com Deus,

"Claudia (mãe do Gabriel, 11 anos)"

"Canção de Amor ao Homem Velho

"Para Herminio de Miranda

"Em frente ai espelho, a chorar, se vê o Homem Velho,

"Pego de surpresa frente a emoções, as lágrimas lhe rolam pelo rosto.

"Sente-se frágil, impassível, uma criança espiritual mesmo,

"Em face da grandeza de um momento seu e de uma reposta de Deus;

"Atrás do espelho existe uma Mãe,

"Que se enternece diante da fragilidade do Homem Velho,

"E que queria estar ali para poder secar suas lágrimas.

"O Homem Velho sem saber, já fez tanto pela Mãe...

"Que gostaria de aninhá-lo em seus braços e poder consolá-lo.

"Foi ele, com seus escritos, que mostrou à Mãe

"A beleza, a consolação e a sabedoria de sua Doutrina.

"Foi ele também, que ensinou-a a esquecer as ofensas sentidas,

"E perceber que todos nós, espíritos em evolução,

"Precisamos receber amor para, na hora certa, saber perdoar;

"Ensinou-a a ter paciência e esperar pela ora de receber o perdão.

"Ah..., Homem Velho do espelho, não chores.

"Muitas coisas já se foram, não pode mais alcançá-las.

"Porém, também, muitas coisas fizeste com seu trabalho

"De 'simples escriba', como dizes, em tua singeleza.

"A Mãe tem se deleitado na sua simplicidade,

"Tem bebido na fonte de tua sabedoria,

"Tem cultivado flores com seus conselhos de amor.

"A doença de seu filho já não é doença, é bênção.

"E é através das tuas palavras, Velho, que ela a cada dia cura o filho, aos poucos;

"E estendeu esse processo de cura para novas existências, até que esse se faça por completo.

"Sem pressas, sem receios, sem milagres.

"Pois ela sabe que a cura irá acontecendo com o progresso do filho, de maneira natural. A evolução não para, você disse.

"É também porque, Velho, tens feito com que ela chore menos, por causa da esperança que lhe deu.

"Com sua carta nas mãos, já a leu mais de mil vezes e a imprimiu no coração.

"Hoje ela sorri com sua carta nas mãos...

"Levante a cabeça, Velho amigo, e não mais chores,

"Sacuda suas dores e emoções,

"Porque tens sido luz para tantas crianças sem voz e seus pais tão cansados.

"Tens sido para muitos, o presente, a dádiva, o consolo...

"A Mãe olha detrás do espelho, mais uma vez.

"E pede a Maria (a maior de todas as Mães) que vele pelos seus dias.

"Que o tome pela mão, para guiá-lo,

"Tirando-o de frente ao espelho e levando-o a viajar pelos sentimentos

"De cada coração que ajudaste.

"Para que só assim a Mãe possa tornar a vê-lo sorrir,

"Criança, de novo...

"Claudia M. Pereira, 20.05.2000."

Temos ainda um depoimento – o de Silvânia Mendonça Almeida.

Vejamos como é que ela conta sua história e, principalmente, a de André Luis Rian, em *email* de 11.05.2000.

"Herminio,

"Querido amigo e irmão de jornada. Permita-me chamá-lo assim. Permita-me escrever para você e invadir sua privacidade. Desculpe-me, perdoa-me, mas não poderia deixar e perder tão preciosa oportunidade. Meu nome é Silvânia Mendonça Almeida Margarida. Sou mãe de André Luís Rian Mendonça Motta, 10 anos, autista(?). Moro em Belo Horizonte, sou espírita, ainda por tentativa e muita aprendizagem, professora de faculdade e preparando meu projeto de doutorado para apresentá-lo na Universidade Federal de Minas Gerais.

"Querido amigo, permita narrar a história do meu Andri Lums, como diz meu querido e estimado amigo Nilton Salvador. Aí vai. Esta narrativa fiz há um ano numa lista de autismo: André Luís Rian está com 9 anos (agora com 10 anos).

"Uma criança perfeita. Traços perfeitos. Saudável, lindo e feliz. À maneira dele, é claro.

"Aos 10 meses começou a engatinhar sempre sorrindo feliz. Aos 10 meses e 10 dias não mais engatinhou. Sentou-se a olhar para um cantinho. Esperei um mês. Seu olhar sempre fixo em alguma coisa. Passou depois a rodar sempre um mesmo carrinho. Não aceitava outro. Lembro-me que esperei um mês a observar aquela situação e assim comentei com minha mãe: 'Mamãe, o neném parou de engatinhar. Só engatinhou 10 dias. O que a senhora acha que está acontecendo?'

"'Nada, minha filha, nada. *Menino-homem* é assim mesmo. Mais preguiçoso. Menina é mais espertinha.'

"Assim, quando aos onze meses eu via que nada acontecia, resolvi levar ao ortopedista para checar. Coisas de mãe.

"No ortopedista fez vários exames, nada. Vou ao pediatra, pensei. No pediatra, tudo normal. Parti para o endocrinologista. Tudo normal com o metabolismo. Pedi um encaminhamento para o neuropediatra. A neuro pediu exame do X frágil, tomografia computadorizada e eletroencefalograma. Tudo normal.

"O que o André tinha, meu Deus? O que poderia ter? Psiquiatria, seria o caso? Para desencargo de consciência, fui.

"André Luís fez todos os exames possíveis, inclusive na clínica do famoso Dr. Sérgio Danilo Pena. Aquele médico internacional, que estuda o gene. Tudo normal.

"Um outro neurologista disse que o André Luís tinha cegueira cortical. Mas como ele era cego se dava a entender que interpretava diagnostico da televisão?

"Desisti desse medico e do diagnóstico.

"Vários remédios controlados para o menino se ele não apresentava diagnostico de epilepsia.

"Novo neuro. Cortes de Rivotril, Gamibetal e outros.

"Daquele dia em diante iria desistir de diagnósticos e prognósticos. Iria atacar o que parecia ser o mal. Qual era o mal, no meu entender? O olhar paradinho do André, ele não andava, não falava, não reagia. O autismo?

"Com a aquiescência do meu marido, contratei, conforme pedido médico, uma fisioterapeuta.

"Durante 1 ano e 6 meses, André Luís foi trabalhado no método Bobath. No início, seus gritos ecoavam longe. A empregada tornou-se minha inimiga, saiu de minha casa dizendo que eu era uma mãe sem coração e que iria me denunciar. Depois desse tempo, André engatinhou. Finalmente, com 2 anos e meses, andou.

"Lembro-me que, para contratar a fisioterapeuta, apareceram, por um anúncio de jornal, 15 candidatos(as). Todos tocaram no assunto *dinheiro*, mas meu filho não era uma mercadoria. Entrevistei todos, não prometi nada e somente uma garota recém-formada não havia tocado no assunto dinheiro. Aquela foi a que contratei, pagando o preço de mercado. André Luís andou, começou a ficar independente. A fala, a pinça fina, o controle vestibular ficaram a desejar.

"Não sabia qual era a idade mental do André.

"Juntamente chegaram a terapeuta ocupacional e a fonoaudióloga. Nunca paramos.

"Nas madrugadas, como se sempre soubesse sobre o autismo, apesar de André não ter diagnóstico, este 'rótulo' que muita gente na nossa família cobra, eu comecei a trabalhar.

"Noite após noite, dia após dia, como faço até hoje. Silvânia e autismo combinariam?

"Como eu sabia que meu filho era autista? Não sabia, mas eu sabia. É difícil explicar.

"O autismo estava lá e devia vencê-lo. Diziam-me que a criança autista não era afetuosa, não encarava, não tinha um olhar. Mas isto não acontecia com o André.

"Bem, se estava certa ou errada, caberá a Deus me julgar. Não me arrependo de nada que fiz.

"Meia-noite, uma da manhã, duas... e lá estava eu.

"Dizia: 'Dedé, dá um tchau para mamãe.' Nada, nada, nada.

"Comecei e argumentar, a sorrir, a chorar, nada.

"Comecei a ameaçar no bom sentido. 'Me dá um tchau senão tomo seu bico.' E eu tomava o bico. Ele se debatia, queria a chupeta. Três da manhã eu havia ganhado um tchau que era com as mãos (balançando -as) e ia deitar, para levantar no outro dia para a labuta, às seis.

"Tomei travesseiro, brinquedo e outras coisas mais de suas preferências. A autoridade e limite fazem parte da minha pessoa. Consegui. Eu havia entrado no mundo do André.

"Não havia somente a autoridade, o respeito, não classifico a minha atitude como medo, da parte dele para comigo, senão ele não teria reagido tão bem.

"Descobri a música, a regência, o Elvis Presley, Roberto Carlos, Jovem Guarda.

"Descobri as estereotipias. Sentava-me à frente dele e se ele fizesse um gesto com a mão eu fazia o mesmo gesto. Através das estereotipias falava com André. Fui falando do mundo de cá. Do riso, da ternura do amor, dos sentimentos. Fui mostrando suas irmãs. Ensinei as duas menina (suas irmãs Carolina e Camila) a amá-lo na minha ausência. Ensinei a serem duas miniterapeutas. O meu marido acompanhava o processo. Tudo era motivo de aprendizagem. A janela e o céu. O azul e o mar. Fui buscando André. Os resultados começaram a aparecer. André estava começando a sorrir para o mundo.

"Quantas foram as vezes que me belisquei e chorava de fingimento. Ao mesmo tempo, sem dó nem piedade, beliscava sua perninha, o seu braço, apertava o seu nariz. Eu me vesti de palhaço (ou melhor, palhaça), pulei, gritei, pulo, grito. Caretas as mais variadas. Muito toque, muita audácia e dizer sempre: não existe autismo, não existe. Quem falou que existe?

"Buscar o outro lado sem se questionar, faz bem. Os sentimentos negativos, a revolta, o castigo, o sentimento de culpa não combinam com a cura.

"Adoto a medida: 'o que não tem remédio, remediado está', mas não num sentido de inconstância, de medo, mas de enfrentamento, de muita firmeza de caráter e a conformidade porque com que cada gesto novo do desenvolvimento de André, penso que está chegando, e talvez seja a dose certa do remédio que ele precisa. Remédio-aprendizagem, remédio-medicação.

"Perguntam-me, indagam-me, questionam-me.

"André Luís tem problema de cabeça? André é autista? Respondo que não sei.

"Para quê discriminá-lo?

"Respondo: André é especial, muito especial. E ainda brinco: Sabe, fulano de tal, quem estuda antropologia como eu, sabe. André é tão especial que é um exemplo da nova raça humana que conversará por telepatia. Não tenho nada contra o autismo. Ele é a minha vida. Mas não combina comigo buscar o rótulo, a explicação que tanto minha família quer ouvir.

"Há muitas controvérsias no caso do André Luís. Aos quatro anos descobri que André lia. Comentei com meu marido e começamos a perguntar palavras nos jornais, revistas, televisão, etc. Estava confirmado. André Luís era alfabetizado. Não sei explicar como. E o significado? Sim, ele tinha o cognitivo avançado para tanto. Mais tarde com a psicóloga que já está com ele há cinco anos foi tudo confirmado. Sua memória visual é fantástica.

"Recentemente, numa escola particular e cara em Belo Horizonte, quando foi feita a anamnese, eu disse que André já lia. Tenho certeza que não acreditaram. Foram feitos testes e André não leu para eles. Chamaram-me. Comprei um saco de balas (coisa errada que fiz: comprar sua leitura, mas foi a única forma, devido ao pouco tempo para o reste) e fui para o teste.

"A cada bala, o André mostrava tudo que se devia mostrar. Lembro-me que as bocas deles 'não fecharam' e a pedagoga classificou a leitura de 'acidental'. Sinceramente, não sei o que quer dizer isso. Como aprendeu a ler? O Dedé não fala.

"Tirei o Dedé de lá e está numa escola pública no Bairro Serra (Belo Horizonte). Seis meses após, descobriram que o André lia sem seu dizer nada. É feito com ele um trabalho à parte, porque seus coleguinhas não leem (mas lerão, se Deus quiser)

"Atualmente, o Dedé, com nove anos, tem dois atendimentos com a psicóloga, dos com a fonoaudióloga, um com a evangelização, aos sábados, a escola especial e todas as salas de recursos (psicomotricidade, artes cênicas, musicologia, educação social e mil, dois mil com a mãe.

"Não deixo ele em paz, nem de madrugada, como sempre. Mas, com uma diferença. Já não o intimido para me dar um tchau. Ele vem até mim, me dá um beijo gostoso, dois, três, se pedir, fala 'tal', que quer dizer tchau ou *bye*. Na manhã seguinte, responde-me oi, tudo bem, e no *Evangelho* que lemos no lar, no final da oração, fala 'amém' e 'Papai do céu'.

"Converso com ele e digo sempre: 'André, você é muito especial para mim. Você é um menino lindo e inteligente. Muito amado. Ainda daremos boas risadas deste desafio, desta fonte de experiência. Não sei quando e onde, mas daremos, Lembre-se, André, você é perfeito. Não se esqueça dos seus coleguinhas, ame-os muito.'

"Os cantos, as *songs* são os mais variados. A descoberta do eu, dos gestos, de tudo.

"Muito teria que relatar, mas termino por aqui, desejando para todas as mamães e papai de crianças autistas, aos profissionais que lidam com esse comportamento misterioso, todo o sucesso do mundo.

"Onde vou chegar, não sei. O que sei é que faria de novo e não gostaria que fosse diferente. Amo meu filho, amo as crianças especiais e por elas lutarei até o fim desta minha vida superengraçada. O autismo é um grande desafio, mas o *amor ao próximo*, à não rejeição, são desafios muito maiores.

"Obrigada pelo desabafo. Fiquem com Deus, meus amigos de luta. Beijos da amiga,

"Silvânia"

Reflexões do velho escriba:

Tenho algo a acrescentar por minha conta. Como se percebe desses depoimentos escritos de alma e corações abertos, não estamos aqui na presença de pessoas chorosas, deprimidas, 'de mal' com Deus, por nos ter 'escolhido' entre milhões de pais e mães, para lhes entregar 'envelopinhos' fechados.

Mostravam-se, ao contrário, senão alegres e felizes, otimistas e conscientes da relevante responsabilidade que lhes foi confiada pelas leis divinas que nos guiam os passos.

É gente otimista, decidida e obstinadamente dedicada à nobre tarefa de levar uma pessoa que *está* diferente, a um reencontro consigo mesma e uma reinserção no grupo espiritual do qual faz parte. Foram selecionados para trabalhar e aprende num projeto coletivo, que envolve familiares, profissionais da saúde mental, educadores, companheiros de estudo, de trabalho, de caminhada, enfim.

O eminente dr. Bruno Bettelheim, fala acertadamente em "reconstrução da personalidade".

É lamentável que ele seja hoje (2008), mais conhecido pela sua infeliz teoria da "mãe geladeira" (indiferente e até hostil), do que pelos seus numerosos *insights* intuitivos de desbravador de território não mapeado.

Na bravura de tantas pessoas devotadas, como aquelas que estamos vendo aqui, não há um só exemplo de mãe geladeira. Pelo contrário, foram à luta, ao bom combate de que falou Paulo de Tarso, a fim de disputar, milímetro a milímetro, um território fechado e enigmático. Mães carinhosas, incansáveis, às quais só interessa a vitória final, não para tomar à força a fortaleza que o dr. Bettelheim acreditava estar vazia, titulo que colocou no seu mais conhecido livro. *Primeiro* que não se trata de uma fortaleza inexpugnável, como ele próprio o demonstrou, *segundo*, que o reduto nunca está vazio. Tem gente lá,, e gente boa, sofrida, marcada por ferimentos ainda não devidamente cicatrizados, mas em explícito processo de cura. Cura, mesmo.

Ainda há pouco, trabalhando com esse texto adicional que ora você lê, dei com a opinião de um conhecido e competente médico ao declarar enfaticamente que o autismo é um distúrbio incurável.

Com todo o respeito devido a esses devotados profissionais – e, especificamente ao doutor que não desejo identificar –, o autismo *não é incurável*, se o colocarmos na perspectiva e nas expectativas dos mecanismos reencarnatórios.

É bem verdade que, na estreita visão de uma só e única existência, é o que parece, dado que são raros, quase que exceções dramáticas, os casos de cura radical da dolorosa síndrome.

Ao escrever o livro sobre o autismo, há mais de dez anos, tomei conhecimento de apenas um caso de cura radical – o de Raun Khalil Kaufman, filho autista do jovem casal Suzi e Barry Neil Kaufman. Digo isso não apenas ante o depoimento do pai, mas por ter assistido a uma entrevista gravada do jovem, a discorrer articuladamente e com todo o desembaraço, acerca do autismo e do drama vivido por ele e por toda a maravilhosa equipe que colaborou com os Kaufman.

A dra. Temple Gradin tornou-se uma profissional brilhante e bem sucedida, sem deixar de ser autista. Mais estranho ainda: trabalhando com seus próprios e assumidos autismos, como atestou o dr. Oliver Sacks, autoridade de categoria internacional.

Pode ser, portanto, que a gente não consiga curar nossos queridos e queridas que estão especiais, mas que eles serão curados, não existe a menor dúvida. Vieram para a vida terrena num contexto familiar de gente disposta não apenas a aceitá-los, mas a amá-los incondicionalmente, com toda coragem, bravura, devotamento e convicção de que tudo vai dar certo e de que estamos trabalhando antigos problemas humanos que ficaram engavetados ou foram varridos para debaixo dos tapetes de nossas vidas pregressas. Paradoxalmente, são muitos os que vêm para nos curar também, de mazelas espirituais das quais nem suspeitamos.

É compreensível que ouçamos dizer que o autismo é incurável. Muitos de nós ainda pensamos que a ciência como um todo e a farmacopeia terrena tem que produzir sempre um medicamento ou uma estratégia terapêutica para cada distúrbio humano.

Muitos são aqueles que ainda não perceberam que na farmácia de Deus existe um único medicamento para todos os males físicos, mentais ou emocionais das criaturas. Eu disse *todos*. Esse remedinho é simples demais e, por isso, não costuma ser levado muito a sério, mas é o que tudo cura. Você não verá nesse frasco, rótulos pomposos, embalagens sofisticadas, nem bulas incompreensíveis com indicações, contraindicações e riscos. O frasco é de desarmada simplicidade e o rótulo diz apenas o seguinte: *amor*. Tome sempre que seu coração pedir. Ele sabe quando. Mas, principalmente, apanhe um frasco, ali nas prateleiras da farmácia divina e dê umas tantas gotas a quem quer que delas precise. E você descobrirá que Deus lhe concedeu poderes para fazer milagres.

Antes de colocar um ponto final neste relato, porém, torna-se necessário acrescentar algumas reflexões atualizadoras, tanto quanto é possível atualizar um tema como este que está sempre a mover-se daqui para ali, em busca de um consenso, de um fio parecido com aquele com o qual a jovem e bela Ariadne[4] livrou seu amado do labirinto e da morte. O livro *Autismo – uma leitura espiritual* foi escrito na última década do século 20 e lançado em outubro de 1998, ancorado em literatura especializada da época, como se pode conferir em consulta à bibliografia dele constante.

Ao escrever estas notas, portanto, dez anos se passaram e muita coisa aconteceu e muito ainda há para acontecer em termos de estudo e pesquisa sobre o autismo, que continua sendo um enigmático labirinto do qual não conseguimos emergir. Falta-nos o fio de Ariadne da realidade espiritual. Ou melhor, falta-nos a aceitação dos conceitos fundamentais que regulam os mecanismos através dos quais tal vida opera à nossa volta. Da mesma forma que a realidade material é regida por seu conjunto de leis especificas. Há mais de 2.300 anos, Aristóteles percebeu essa clivagem, ao identificar, sem exclusões – ao contrário, como uma dicotomia operacional –, a face material do cosmos e aquela que se coloca além da física. Chamou a esta adequadamente de metafísica, não no sentido que hoje predomina em circuitos menos preparados filosoficamente, como uma espécie de sinônimo de ocultismo, mas no seu conteúdo real que assim conceitua Aurélio:

> 1. Filos. Parte da filosofia, que com ela muitas vezes se confunde, e que, em perspectivas e com finalidades diversas, apresenta as seguintes

---

[4] Para quem não se lembra, trago para aqui um resumo da historinha de amor que encontrei na Wikipedia: Ariadne ou Ariadna é a filha de Minos, rei de Creta. Apaixonou-se por Teseu quando este foi mandado a Creta, voluntariamente, como sacrifício ao Minotauro que habitava o labirinto construido por Dédalo e tão bem projetado que quem se aventurasse por ele não conseguiria mais sair e era devorado pelo Minotauro. Teseu resolveu enfrentar o monstro. Ariadne, a fim de ajudar o amado, deu-lhe uma espada e um novelo de linha (Fio de Ariadne), para que ele pudesse achar o caminho de volta. Teseu saiu vitorioso e partiu de volta à sua terra com Ariadne, embora o amor dele para com ela não fosse o mesmo que o dela por ele.

características gerais, ou algumas delas: é um corpo de conhecimentos racionais (e não de conhecimentos revelados ou empíricos) em que se procura determinar as regras fundamentais do pensamento (aquelas de que devem decorrer o conjunto de princípios de qualquer outra ciência, e a certeza e evidência que neles reconhecemos), e que nos dá a chave do conhecimento do real, tal como este verdadeiramente é (em oposição à aparência). [Cf. ontologia.]

2. Hist. Filos. Segundo Aristóteles (v. aristotelismo), estudo do ser enquanto ser e especulação em torno dos primeiros princípios e das causas primeiras do ser.

3. Sutileza ou transcendência do discorrer.

Como já tive oportunidade de observar alhures em escritos meus, a partir dos anos 70 do finado século 20, assistimos ao deslanchar de um movimento de ideias obviamente orquestrado, que apontava para um componente espiritual no ser humano. Alguns nomes: Helen Wambach, Edith Fiore, Raymond Moody Jr, George Ritchie e outros pioneiros pelo mundo afora, entre os quais não poderia deixar de ser incluído o eminente dr. Ian Stevenson, que deixou maciço e irrefutável testemunho científico sobre a reencarnação e a dra. Elisabeth Kubler-Ross, que, queiram ou não, mudou radicalmente a face da morte.

Seguiram-se outros estudiosos no decorrer da década seguinte, a de 80, igualmente convincentes, mas a pesada inércia atrás da qual se entrincheira a massa dominante da visão materialista, obstinou-se na rejeição a qualquer abordagem renovadora que admitisse a abertura de janelas e respiradouros destinados a ventilar conceitos e posturas que tanto anseiam por explorar o território espiritual da vida.

Nada ou muito pouco aconteceu que suscitasse pelo menos uma atitude mais tolerante de parte do dogmatismo dominante nos circuitos acadêmicos mais conservadores. Para não se dizer que nada mudou, em vez de se recorrer ao cansado e obsoleto 'ocultismo', adotou-se expressão mais moderna, ao atribuir-se a teimosia dos interessados em tais aspectos a coisas da New Age. Ou seja, tolices de gente um tanto ou quanto excêntrica, para dizer o mínimo. Mas o tom sarcástico de tal observação continua sendo o mesmo.

Acontece que o livro *Autismo – uma leitura espiritual*, não faz concessões às cautelas e ressalvas habituais a que recorrem os que temem 'expor-se' ao temido ridículo de se identificarem como crentes em conceitos ditos pré-científicos, tais como existência, preexistência e sobrevivência do ser, bem como reencarnação e comunicabilidade entre vivos e mortos.

Isto me faz lembrar uma vez mais, a historinha que tenho visto em diferentes versões e enredos, mas sempre instrutiva. É aquela do garoto que estava procurando uma perdida moedinha à noite, debaixo de um poste de luz, na praça. Interpelado por um solícito passante disposto a ajudar-lhe, informou que, na realidade, perdera a moeda lá adiante, sob as árvores do parque, mas como é que poderia achá-la naquela escuridão?

Com todo o merecido respeito que lhe é devido, há ainda muito pesquisador procurando a perdida informação sob a luz dos refletores, em sofisticados laboratórios, quando a fenomenologia dita paranormal (outro eufemismo de fuga) está lá adiante – ou lá atrás, como se queira – envolvida nas sombras da ignorância erudita e do preconceito. Tais barreiras, no entanto, onde existirem, precisam ser demolidas, a fim de se abrir caminho para o futuro passar. E nós, com ele. O progresso não escolhe caminhos já feitos – ele abre picadas onde não os há.

Tanto quanto posso avaliar, sinto que começam a soprar brisas renovadoras na busca de um componente espiritual para o ser humano, particularmente entre os nossos queridos e incompreendidos autistas. Vejo isso em dois livros recentes de William Stillman, *Autism and the God connection*[5] e *The soul of autism*,[6] ainda mais avançado na picada que o autor vai abrindo na mata virgem dos preconceitos.

O primeiro deles, mereceu destaque especial do dr. Larry Dossey, meu velho conhecido de *Space, time and medicine*, de 1982, que muito contribuiu para iluminar alguns aspectos das especulações que levei para dentro de meu livro Alquimia da mente.

O dr. Dossey parece até ter lido Léon Denis, ao considerar *Autism and the God connection*...

---

[5] Sourcebooks, 2006, Naperville, Illinois.
[6] New Page Books, 2008, Franklin Lakes, NJ.

Um desafio colossal às simplistas explanações sobre o autismo... Este livro – prossegue (ver quarta capa) – vai além dos aspectos neurológicos. Trata de nossa natureza, nossa origem e nosso destino – em suma, nossa conexão com o Absoluto, seja qual for o nome que se lhe atribua.

William Stillman, escritor e consultor especializado na temática do autismo, é, ele próprio, integrante do espectro,como portador da síndrome de Asperger. Além disso (mera 'coincidência'?), Stillman é dotado de faculdades ditas paranormais, para não dizer explicitamente, mediúnicas. Seu livro propõe, como se lê no subtítulo, uma 'redefinição' do autismo e é considerado o primeiro estudo a cuidar de aspectos espirituais embutidos nessa complexa e ainda muito ignorada síndrome. Mais do que isso, em vez de apontar para o autismo como estigma ou tragédia, Stillman entende que o mundo precisa do autismo para despertar o interesse coletivo pelo que se passa na dimensão espiritual da vida.

Autistas, a seu ver – e o vosso escriba também aqui está de pleno acordo – não são débeis mentais nem retardados, como tantos ainda os consideram, mas seres superdotados, portadores de aguda sensibilidade e de bem definidas faculdades e percepções. Segundo Stillman – e mais uma vez estou com ele –, torna-se impositivo presumir sempre um dispositivo intelectual no autista, como também no chamado *idiot savant* e, ainda, nos portadores da síndrome de Down. O fato de não conseguirem eles manifestar todo esse potencial deve-se exclusivamente a limitações do mecanismo biológico (corpo físico) ao qual se acham acoplados. O que, a meu ver,[7] pode perfeitamente resultar de uma decisão tomada antes de iniciar-se o procedimento reencarnatório, por uma rejeição à vida na carne, como supõe a dra. Helen Wambach. Ou porque a entidade reencarnante deseje reduzir a interferência do consciente, a fim de priorizar a atividade mais nobre, intuitiva, não verbal do hemisfério cerebral direito, no qual está plugada a individualidade, ou seja, o espírito em si. Enquanto isso, a alma (personalidade) está conectada ao hemisfério esquerdo. É, portanto, de se considerar como digna de consideração e exame a hipótese de Stillman, segundo o qual o autismo aponta para uma nova era.

---

[7] Ver *Autismo – uma leitura espiritual* e *Alquimia da mente*, ambos de minha autoria.

Stillman informa em seu livro *Autism and the God connection* (Sourcebooks, 2006, p. 25), que aí pela altura de 1990 – época em que me dediquei ao estudo mais aprofundado do autismo, em preparo para escrever meu livro – a estatística indicava um autista para cada 10.000 crianças americanas. A partir desse ponto, verificou-se espantoso e mal explicado salto na incidência de casos.

No capítulo número um intitulado *"The world needs autism"* ("O mundo precisa do autismo") (p. 33) no livro *The soul of autism*, 2008, Stillman transcreve uma observação de Julie Krasnow, publicada no *Indianápolis Star* aí pelo início do ano de 2007, e que assim diz, em minha tradução.

> Com um em cada grupo de 166 seres afetados pelo autismo, não se pode mais dizer que se trata de uma raridade. Estamos diante de uma epidemia. 16 minutos, uma criança é diagnosticada como autista.

Dados colhidos pelo autor na revista *Time*, de 6 de maio de 2002, revelam um caso para cada grupo de 150 crianças afetadas por algum distúrbio pertencente ao espectro do autismo. Acrescento por minha conta, que, em recente programa da apresentadora Oprah – isso em junho ou julho de 2008 – dedicado ao autismo, a estatística invocada por uma das mães entrevistadas, indicava um caso em cada 96!

Há quem alegue que isto se deve, pelo menos em grande parte, à melhor definição do diagnóstico e sua difusão pela classe médica em geral, antes despreparada para tais sutilezas. Na opinião de muitos especialistas, contudo, isso não explica o salto quantitativo observado. Em outras palavras, sim, a melhor capacidade de diagnose contribuiu para o crescimento dos casos identificados como tal, mas, não há como deixar de considerar que houve no período, um surto assombroso de casos que o fator qualitativo da diagnose correta por si mesma não tem como justificar ou esclarecer.

A matéria do *Time* estimava naquela época, 425.000 autistas somente nos Estados Unidos, mas esse número está sendo corrigido para 500 mil no momento em que escrevo isto em agosto de 2008. A instituição conhecida como CDC – www.cdc.gov – revela que em 2003 cinquenta e três crianças nascidas diariamente nos Estados Unidos, eram incluí-das no espectro autista, ou seja 19.000 por ano.

Algo de novo está, portanto, acontecendo. Que recado ainda não decifrado nos traz a dramática expansão mundial dos casos de autismo?

William Stillman faz a si mesmo perguntas semelhantes. E sugere respostas ainda especulativas, mas dignas de atenção.

Uma das correspondentes do autor declara que, para ela, "o autismo é um desafio, não uma derrota".

Ela está certa. São muitos os depoimentos que Stillman recebe no seu *site*, na internet,[8] especialmente de mães, mas também, de pais, avós, tios e tias, irmãos e irmãs de autistas.

A tônica desses milhares de testemunhos é a emoção e o amor, a aceitação, a luta, jamais o desespero ou a revolta. "... se o autismo não houvesse acontecido em nossa família – diz uma leitora – eu não teria aprendido tanta coisa!"

O autismo levou numerosas pessoas a realizar mudanças dramáti-cas dentro de si mesmas e nos seres que as cercam, a começar pelos próprios autistas na família, e no ambiente em que vivem. Menciono apenas algumas delas: Tornei-me mais paciente, diz alguém. Ou mais humilde. Ou menos egoísta. Passei a valorizar coisas que antes ignorava ou desprezava. Verifiquei que o importante na vida não está na disputa meio selvagem pelo êxito pessoal e pelo dinheiro.

Acima de tudo, porém, são muitos os que se convenceram da exis-tência de uma insuspeitada realidade espiritual com a qual nem sonha-vam. Ou de uma visão inteiramente diversa daquilo que tinham em mente a respeito disso. Os autistas não são débeis mentais, incapazes de entender o que se passa à volta deles, pensar e sentir e, portanto, amar e compreender que são amados. A dificuldade que enfrentam não reside em compreender a vida, mas expressar – digamos – em lingua-gem 'nossa' aquilo que pensam e sentem.

Por isso, Stillman fincou no território de sua campanha a bandeira de uma premissa fundamental é de que há que se presumir *sempre* no autista, uma ativa faculdade intelectual, usualmente superior, sensível, criativa, bem informada. E mais, que muitos deles são dotados de fa-

---

[8] www.williamstillman.com.

culdades explicitamente mediúnicas. Stillman lembra (pp. 225-26, *The soul of austism*) os seguintes temas suscitados pelos autistas a partir de conhecimentos e experiências por eles e elas vividos: preexistência (vida antes da vida), premonição, telepatia, comunicação com os animais, ligação com uma entidade usualmente um avô ou avó 'mortos', vidências de seres *discarnate* (desencarnados), *wayward* (errantes, na terminologia usada nos textos de Kardec), e *ghosts* (fantasmas), "comunicação com seres etéreos, bondosos, definidos por alguns como anjos".[9] E, por conseguinte – acrescento eu –, reencarnação e comunicabilidade entre os chamados 'vivos' e 'mortos'.

O autor tem, portanto, boas razões para considerar que a espantosa proliferação do autismo está suscitando inesperado interesse em torno dos aspectos espirituais da vida, o que ele entende como o advento de uma 'nova humanidade' (*The soul of autism*, p. 55).

Tenho algumas reflexões pessoais a trazer para o debate. Para expô-las com embasamento satisfatório eu precisaria de mais espaço do que disponho aqui. Mesmo assim, arrisco-me a algumas observações sumárias.

No meu entender, Stillman se refere – ainda que não com estas palavras – a um elevado contingente de pioneiros que nos estão demonstrando ser possível passarmos de um estágio de utilização predominante do hemisfério cerebral esquerdo, para uma fase em que a predominância poderá ser transferida para o direito. Isso porque o esquerdo é verbal, analítico e se incumbe das negociações do ser com os afazeres mais miúdos do dia a dia. É através dele que se manifesta a personalidade, ou seja, a projeção da individualidade, que se mantém plugada no hemisfério cerebral direito, não verbal, intuitivo, dito inconsciente, onde se localizam os arquivos pessoais da entidade ao longo de todas as suas vivências passadas.[10]

---

[9] Há uma vasta literatura sobre anjos circulando por aí, em muitas das línguas do mundo. Um exagero que pode prestar-se a fantasias. O termo anjo provém, como se sabe do grego *ânggellos* que significa simplesmente mensageiro e não necessariamente um ser dotado de angelitude, como usado em contexto teológico. Veja-se, a propósito, o verbo que se traduz, em português, por "anunciar, fazer saber, publicar, informar, dar aviso", como se lê no *Dicionário grego-português*, de Rudolf Bölting, Imprensa Nacional, Rio, 1941.

[10] Leitoras e leitores mais interessados devem ler uma dissertação mais ampla sobre isto, em meu livro *Alquimia da mente*.

Por outro lado, lemos em *A grande síntese*, de Pietro Ubaldi, que o processo dito lógico, analítico, racional já deu o que tinha a dar ao projeto evolutivo do ser humano. A etapa seguinte, no dizer da entidade que ditou o livro ao professor Ubaldi, será a da intuição, que pensa por sínteses, livre do verbalismo limitador e da metodologia não menos limitadora das análises exigidas pelo mecanismo do passo a passo.

Temos em Temple Grandin, veemente amostragem dessa hipótese arrojada, que se projeta nas rotas evolutivas que se abrem para o futuro. Grandin, uma autista assumida e genial, trabalha com a mente apoiada no hemisfério cerebral direito. E por isso, não verbal, intuitiva, capaz de pensar por sínteses criativas que saltam para as conclusões sem passar pelos cansativos degraus analíticos. Ela é a primeira a dizer que 'pensa' por imagens e não com palavras, ao mesmo tempo em que lamenta não terem cuidado um pouco mais de sua capacidade de verbalização, de tanto que estavam interessados seus orientadores em elusivas especulações em torno de seu id.

Ainda assim, ela conseguiu desenvolver sua evidente genialidade não fugindo dos seus autismos, mas, ao contrário, trabalhando com eles. Como admite com toda a candura, ela não entende o que se passa entre Romeu e Julieta, nem percebe ironias ou brincadeiras, mas é capaz de rodar todo um complexo projeto industrial, na mente, sem ajuda de prancheta ou de computadores sofisticados. Sua mente privilegiada, servida por uma memória infalível, sabe onde se situa cada componente, até o mais ínfimo parafuso. Quando o sistema fica pronto, ou seja, construído, montado e pronto para entrar em ação, ela o testa pessoalmente, sem usar o lado consciente. Se, por descuido, ela reverte para a manipulação consciente (hemisfério esquerdo), atrapalha-se.

Como deixar de se presumir em um ser dessa categoria uma poderosa mente por trás do autismo apenas porque as 'limitações' físicas, psicológicas e emocionais não permitem que ela expresse como nós, os ditos normais – aquilo que seu espírito está pensando? O eminente dr. Oliver Sacks ficou tão impressionado com ela, que a incluiu numa de suas "Sete histórias paradoxais", em seu livro *Um antropólogo em Marte*.[11]

---

[11] Tradução brasileira da Companhia das Letras, 1995, São Paulo.

Há que se considerar ainda, que a destacados gênios do presente e do passado têm sido atribuídas características autistas, sem nenhum desdouro – pelo contrário –, a pessoas superdotadas como Charles Darwin, Albert Einstein e Bill Gates. Quanto a mim, não me surpreenderia atribuir-se a componentes autistas as chamadas 'esquisitices' ou 'excentricidades' de gênios, como Van Gogh, Beethoven, Salvador Dalí, Mondriani e tantos mais.

Não é de se admirar, ademais, segundo Stillman, que 71% do público leitor americano esteja hoje interessado em obras sobre o autismo. Como também é de esperar-se que religiões tradicionais estejam sendo contestadas ou, no mínimo, questionadas, especialmente quando lhes falta no seu ideário conceitos evidentes como reencarnação e comunicabilidade entre vivos e mortos, para citar apenas dois deles.

E mais: são muitos os que, sacudidos pelas surpresas geradas por casos de autismo na família ou entre amigos e vizinhos, se confundam no trato dos problemas suscitados e tragam para as novas posturas ideológicas e teológicas, resíduos de dogmas e ensinamentos aos quais estão habituados no correr de longos anos de prática. Entre eles, coisas que já nasceram obsoletas como inferno, demônios, anjos, castigo divino, unicidade da vida terrena e outras inconsistências e fantasias como essas.

Cabe, neste ponto, uma observação algo melancólica: quanta falta está fazendo uma divulgação mais ampla da sábia, simples e inteligente doutrina dos espíritos!

E, por fim, uma paciente palavra de consolo: Um dia saberemos todos que somos espíritos. Onde quer que estejamos, no tempo e no espaço, ambos infinitos, como Deus que os criou e nos criou.

Bibliografia

Anjos, Luciano dos & Miranda, Herminio C. *De Kennedy ao homem artificial.* Rio, FEB, 1975.

Amorim, Deolindo & Miranda, Herminio C. *O espiritismo e os problemas humanos.* São Paulo, USE, 1985.

Bölting, Rudolf. *Dicionário grego-português.* Rio de Janeiro, Imprensa Nacional, 1941.

Capra, Fritjof. *O Tao da física.* São Paulo, Pensamento, 1986.

Dossey, Larry. *Space, time and medicine.* 1982.

Lobato, Monteiro. *A barca de Gleyre.* São Paulo, Cia. Editora Nacional.

Loehr, Franklin. *The power of prayer on plants.*

Miranda, Herminio C. *A memória e o tempo.* Niteroi, Lachâtre, 1994.

_____. *Autismo, uma leitura espiritual.* Niteroi, Lachâtre, 2000.

_____. *Alquimia da mente.* Niteroi, Lachâtre, 1999.

_____. *Diálogo com as sombras.* Rio de Janeiro, FEB, 1987.

_____. *Diversidade dos carismas.* Bragança Paulista, Editora 3 de Outubro, 2010.

_____. *O exilado.* São Bernardo do Campo, Correio Fraterno do ABC, 1985.

_____. *"Os oito filhos que eu não quis" in Folha espírita.* São Paulo, 1985.

Sacks, Oliver. *Um antropólogo em Marte.* São Paulo, Companhia das Letras, 1995.

Santos, Jorge Andrea dos. *Os insondáveis caminhos da vida.* Rio de Janeiro, Fon-Fon e Seleta, 1981.

Stevenson, Ian. *Twenty cases suggestive of reincarnation.* SPR, 1966.

Steilman, William. *Autism and the God connection.* Naperville, Illinois, Sourcebooks, 2006.

_____. *The soul of autism.* Franklin Lakes, New Jersey, New Page Books, 2008.

Wambach, Helen. *Life before life.* Nova Iorque, Bantam Books, 1979.

Watson, Lyall. *Supernature.* Londres, Coronet Books, 1974.

_____. *THE ROMEO ERROR*. NOVA IORQUE, DELL PUBLISHING CO., 1976.

UBALDI, PIETRO. *A GRANDE SÍNTESE*. CAMPOS, FUNDAPU, 1987.

Hermínio Corrêa de Miranda

(Volta Redonda, 5/01/1920 – Rio de Janeiro, 8/7/2013)

Herminio Corrêa de Miranda é um dos campeões de venda da literatura espírita do Brasil. Aliás, raros escritores nacionais conseguem tiragens tão expressivas quanto o autor de *Nossos filhos são espíritos* (mais de trezentos mil exemplares), de *Diálogo com as sombras* (cento e cinquenta mil) e de outros quarenta títulos, cuja vendagem ultrapassou um milhão de exemplares. Devem-se computar ainda centenas de artigos e ensaios em revistas e jornais especializados, que dariam mais alguns volumes.

Herminio formou-se em ciências contábeis, tendo sido funcionário da Companhia Siderúrgica Nacional de 1942 a 1980. Nesse período, passou cinco anos no escritório da empresa em Nova York. Originário de família católica, Herminio aproximou-se do espiritismo por curiosidade, mas sobretudo por insatisfação com as religiões. Tendo por guias a razão e a curiosidade e auxiliado por uma sólida cultura humanística, tornou-se uma das maiores autoridades no campo da mediunidade e da regressão de memória no país e, talvez, no mundo.

Esta edição foi impressa em Março de 2014 pela Assahi Gráfica e Editora Ltda., de São Bernardo do Campo, SP, para o Instituto Lachâtre, sendo tiradas oito mil cópias, todas em formato fechado 160x230mm e com mancha de 120x195mm. Os papéis utilizados foram o Offset LD 75g/m² para o miolo e o Cartão Supremo Alta Alvura LD 300g/m² para a capa. O texto principal foi composto em ITC Berkeley 13/15,4, os títulos foram compostos em Editor Cndn 26/39, as citações e as notas de rodapé, em ITC Berkeley 11/15,4. A revisão foi feita por Cristina da Costa Pereira. A programação visual da capa foi elaborada por Andrei Polessi.